Inhalt

Hoffnung

von Roger Mielke

Foto: Rolf Gerlach

»*Echte Hoffnung muss durch Gründe untermauert werden. Darin ähnelt sie der Liebe, von der sie theologisch gesehen eine spezifische Form ist. Sie muss in der Lage sein, die Merkmale einer Situation herauszuarbeiten, die sie glaubwürdig machen. Sonst ist sie nur ein Bauchgefühl, wie die Überzeugung, dass ein Krake unter dem Bett liegt. Die Hoffnung muss fehlbar sein, so wie launische Fröhlichkeit es nicht ist.*«

Terry Eagleton[1]

»*... daher hattet ihr keine Hoffnung und wart ohne Gott in der Welt.*«

Epheser 2,12

»Hoffnungsvoll, aber nicht optimistisch.« Das ist der Titel eines kleinen Büchleins des englischen Literaturwissenschaftlers und Autors Terry Eagleton. Das passt gut in diese besondere Adventszeit des Jahres 2022. Gute Gründe für Optimismus sind gegenwärtig rar. Krieg und Gaskrise, Inflation und Pandemie, Klimawandel und so weiter. Der Ökonom Adam Tooze spricht von einer »Polykrise«,[2] in der alle »Krisen« gleichzeitig präsent werden, die sich seit der Finanzkrise 2008 als Panorama entrollt haben.

Da ist es verlockend, sich einfach aus der Wirklichkeit abzumelden. Ein bisschen Gemütlichkeit in der Weihnachtszeit kann doch helfen, um das alles mal für einen Moment zu vergessen. Ein Glas Wein, ein paar Kekse. Und wenn die Heizung ein paar Grad niedriger eingestellt wird, wärmt die Wolldecke umso besser. Das geht auch geistlich: »Spiritualität« kann zu einem Remedium gegen eine allzu zudringliche Wirklichkeit werden, zur Flucht in die Hinterwelt, Einübung in die »ataraxia«, die Unbewegtheit des Weisen jenseits der wirren Weltläufte. Der US-Journalist Rod Dreher landete mit seinem Buch »The Benedict Option« einen

---

[1] Terry Eagleton, Hope without Optimism, New Haven/London: Yale Universitiy Press 2019, 3 (Übs. DeepL).

[2] Seit seinem Buch über die Finanzkrise (Crashed. Wie die Finanzkrise die Welt verändert hat, München: Siedler 2018) gehört Tooze zu den eindringlichsten Analytikern der Gegenwart. Zum Stichwort der »Polykrise« vgl. seinen deutschsprachigen Podcast: https://www.nzz.ch/video/nzz-standpunkte/adam-tooze-ueber-europa-in-der-polykrise-der-gegenwart-ld.1706848.

publizistischen Erfolg: Die Zeit sei reif für einen »benediktinischen« Rückzug auf zivilisierte Inseln und in die Archive der christlichen Zivilisation.[3]

Dem Optimismus wirft Eagleton seine Harmlosigkeit und Statusversessenheit vor: Optimisten sind die Reichen, alles gut, warum sich graue Haare wachsen lassen, Hauptsache gute Laune. Die süße Versuchung zur Flucht in die Hinterwelt dagegen erinnert daran, dass der Pessimismus nichts anderes als der illegitime Zwilling dieses Optimismus ist, genauso grundlos wie dieser, nur eben schlecht gelaunt.

Also: Optimistisch kann man nicht sein, pessimistisch soll man nicht sein. Wenn das klar ist, schlägt die Stunde der Hoffnung. Hoffnung hat einen Grund und sie hat Gründe. Zwischen Ermutigung und Ermahnung changiert die apostolische Aufforderung in 1Petr 3,15, dass die Gläubigen »Rechenschaft« geben sollen und können, von »dem Grund der Hoffnung, die in euch ist.« Die berühmte Trias aus 1Kor 13,13 markiert gerade im Zusammenhang ihrer drei Leitworte diesen Grund: »Nun aber bleiben Glaube, Hoffnung, Liebe, diese drei; aber die Liebe ist die größte unter ihnen.« Luca Baschera widmet der Trias in diesem Quatemberheft eine eindringliche Untersuchung. Ich möchte es hier etwas schlichter ausdrücken: Die Trias fasst die drei Formen der Zeiterfahrung zusammen. Der *Glaube* erinnert sich der großen Taten Gottes, er lebt von der erzählten und erfahrenen Treue Gottes – *Anamnesis*, in welcher sich der Erinnerte als er selbst vergegenwärtigt. Die *Hoffnung* spannt sich auf die Fülle der Vollendung aus und ruft sie herbei – *Epiklesis*, in welcher Bewegung des Herbeirufens Gottes Geist das Künftige im Anbruch vergegenwärtigt. Die *Liebe* aber, sie ist das Gegenwärtigste, Präsenz in Fülle – *Eucharistia*, Danksagung für das, was ist. Diese Verschränkung der Zeiten, in welcher Gott »alles in allem« ist, dies ist der *Grund der Hoffnung*. Nur von dieser Präsenz her kann überhaupt gehofft werden. Hoffnung richtet sich auf das, was noch nicht ist, aber sie tut es von dem Gegenwärtigen her. Von dem her, der in der Anamnesis/Erinnerung sich vergegenwärtigt. Der Historiker Francois Hartog spricht in seinen Untersuchungen über die »regimes of historicity«, die Zeiterfahrungen verschiedener Kulturen, vom »Präsentismus« als dem vorrangigen Zeitregime unserer Epoche.[4]

Also: Optimistisch kann man nicht sein, pessimistisch soll man nicht sein. Wenn das klar ist, schlägt die Stunde der Hoffnung.

---

[3] Rod Dreher, The Benedict Option: A Strategy for Christians in a Post-Christian Nation, New York: Sentinel 2017. Deutsch: Die Benedikt-Option: Eine Strategie für Christen in einer nachchristlichen Gesellschaft, Kißlegg: fe Medienverlag 2019.

[4] Francois Hartog, Regimes of Historicity: Presentism and Experiences of Time (European Perspectives: a Series in Social Thought and Cultural Criticism), New York: Columbia University Press 2017.

Vergangenheit und Zukunft verblassen, werden ins Museum oder in die Science Fiction ausgelagert. Ein gespreiztes Präsens bleibt übrig – ohne Erinnerung und ohne Hoffnung. Dem widerspricht christliche Hoffnung.

In der deutschen Sprache, gerade in der vom Sprachgefühl Luthers und der Lutherbibel geprägten Deutsch, drückt das schöne Wort »Zuversicht« das Gemeinte präzise aus. In der Erklärung des 1. Gebotes im Großen Katechismus: »Was heißt, einen Gott haben, oder was ist Gott? Antwort: ein Gott heißt das, *dazu man sich versehen soll alles Guten* und Zuflucht haben in allen Nöten; also dass einen Gott haben nichts anders ist, denn ihm von Herzen trauen und glauben.« Also: »Zuversicht« heißt, etwas oder einen zu haben, auf den ich sehen kann. Die Vorsilbe »ver«-sehen macht genau diese »Ver«-bindung zwischen dem, der sieht, und dem Angesehenen deutlich. Davor noch steht das »Zu«, das Bewegung und Dynamik markiert. »Zu-Ver-Sicht« ist dann die Bewegung des Schauens auf den Gott, der Zuflucht ist, weil er gegenwärtig rettende Beziehung stiftet: »Gott ist unsre Zuversicht und Stärke, eine Hilfe in den großen Nöten, die uns getroffen haben.« (Psalm 46,2)

> *»Zuversicht« heißt, etwas oder einen zu haben, auf den ich sehen kann.*

Die Beiträge des Adventshefts umkreisen auf jeweils eigene Weise dieses Thema der Zuversicht und Hoffnung. *Luca Baschera* erläutert das Wesen der Hoffnung in der Auslegung einer Ikone. Der »Lieblingsjünger«, der nach Joh 13 an der Brust Jesu lag, wird zu Inbegriff und Verkörperung der Hoffnung, die als »Christ-Innigkeit« verstanden werden will. Liebe als »Hingabe an« Jesus, Glaube als »Empfangen von« Jesus, und Hoffnung als »Ausstrecken nach« Jesus sind die »Grundvollzüge der christlichen Lebensform«. *Thomas Thiel* fragt in seinem Beitrag nach dem, was »die christliche Hoffnung zu einer Ressource (macht), die mich durch das Leben trägt und im Sterben nicht verlässt?« Er zeichnet Vignetten, Umrisse und Konturen gelingender Kommunikation von Hoffnung in der Seelsorge an traumatisierten Soldaten. Wichtig auch die Einsicht, dass nur, wer die Quelle der Hoffnung in sich selbst pflegt, fähig wird Hoffnung zu spenden. Der Krieg in der Ukraine dauert an. *Patrick Fries* reflektiert in seinem Essay den Einfluss des Krieges auf unsere Sprache. Hass und Gewalt verzerren nicht nur Gesichter, sondern auch die Worte. Gerade die kostbarsten Worte, in denen sich normative Grundlagen eines Gemeinwesens und Hoffnungen auf gelingendes Leben verdichten, sind angreifbar, sie sind »vulnerabel« und verlieren durch Verschiebungen und Missbrauch ihre Substanz. *Heiko Wulfert* nimmt die Leserinnen und Leser mit auf einen Gang durch die Glaubensgeschichte, der den Spuren der Hoffnung folgt, von

Foto: Rolf Gerlach

Clemens Alexandrinus in der Mitte des 2. Jahrhunderts bis hin zu Jürgen Moltmann und Karl Rahner. *Michael Grimm* führt in einer komprimierten Meditation an das Ufer des Rheins. Dort zeigt sich, wie Hoffnung ein Geschenk ist, unverfügbar und verändernd. Mit drei Rezensionen schließt das Heft: *Heiko Wulfert* bespricht einen Band von Nicole Grochowina und Albrecht Schödl über christliche Kommunitäten, *Luca Baschera* rezensiert die Kirchentheorie von Michael Meyer-Blanck, *Roger Mielke* ein kleines, zum 80. Geburtstag von Wolfgang Huber veröffentlichtes, Buch, das »ein wissenschaftsbiographisches Gespräch« mit dem Jubilar protokolliert. Ein Dank geht einmal mehr an *Rolf Gerlach* in Antwerpen, der wieder die Illustration des Heftes besorgt hat.

Diesseits von Optimismus und Pessimismus wünscht eine hoffnungsfrohe Adventszeit und ein fröhliches Weihnachtsfest

Ihr Schriftleiter Roger Mielke

Hoffnung – Von der erotischen Dimension der Christ-Innigkeit

von Luca Baschera

»Epistēthios«

Abgebildet ist hier ein Ausschnitt eines Freskos, das sich im Kloster Vatopedi (Berg Athos) findet.[1] Er zeigt Jesus Christus und den sogenannten Lieblingsjünger beim Letzten Mahl vor Jesu Gefangennahme. Der Lieblingsjünger rechts wird als *ho epistēthios* bezeichnet, d. h., »der, der an der Brust liegt«, was wiederum dem Bericht des Evangeliums nach Johannes entspricht: »Es war aber einer unter seinen Jüngern, der zu Tische lag an der Brust [*kolpos*] Jesu, den hatte Jesus lieb« (Joh 13,23).

---

[1] Dass der Verfasser auf dieses Bild aufmerksam wurde, verdankt sich einem freundlichen Hinweis von Dr. Silvianne Aspray-Bürki (Faculty of Divinity, University of Cambridge).

Schon Origenes deutete diese Szene als Zeichen einer Nähe, die über einen rein menschlichen Freundschaftsbund hinausgeht. Der Lieblingsjünger und seine Haltung stünden vielmehr für eine Form der innigsten Teilhabe an Christus, dem fleischgewordenen Wort Gottes, in der allein ein Zugang zum Mysterium, das Christus ist, überhaupt möglich sei.[2] Nur für solche, die wie der Lieblingsjünger »an der Brust«, »am Herzen« oder »im Schoß« Christi liegen, ist in diesem Sinn möglich, ihn zu erkennen. Wahre Erkenntnis Christi ist eine Frage des Seins, des »Seins in Christus« oder – wie Adolf Deissmann (1866–1937) schreibt – der »Christ-Innigkeit«.[3]

Der Lieblingsjünger verkörpert eine solche Christ-Innigkeit: Er ist nicht nur oberflächlich mit Christus verbunden, sondern er ist einer, der in ihm, in seinem »Schoß« (*kolpos*), ruht und bleibt. Es ist ferner wohl kein Zufall, dass das Nomen *kolpos* im gesamten Evangelium nach Johannes sonst nur an einer anderen Stelle vorkommt und dort die Beziehung zwischen Jesus und Gott Vater veranschaulicht: »Niemand hat Gott je gesehen; der Eingeborene, der Gott ist und in des Vaters Schoß [*kolpos*] ist, der hat es verkündigt« (Joh 1,18). Der Lieblingsjünger ruht also im Schoß Jesu, der seinerseits im Schoß Gottes ruht, sodass der Lieblingsjünger, indem er in Christus bleibt, auch in Gott bleibt.[4] Und was für den Lieblingsjünger gilt, gilt ebenfalls für jeden *epistēthios*, für jeden »an der Brust [Jesu] Liegenden«: Durch Jesus Christus und in ihm erschließt sich der Zugang zu Gott selbst (vgl. Eph 2,18).[5] Mehr noch: Es ist unmöglich, in Gott zu sein, es sei denn, man ist »in Christus«, denn kein Weg zu Gott führt an Jesus Christus vorbei (Joh 14,6).

---

[2] Origenes, Der Johanneskommentar, hg. von Erwin Preuschen, Leipzig 1903 (Die griechischen christlichen Schriftsteller der ersten drei Jahrhunderte, 10), 461 [32.20.263f.]. Vgl. Hans Urs von Balthasar, Origenes – Geist und Feuer. Ein Aufbau aus seinen Schriften, Salzburg [2]1938, 152.

[3] Adolf Deissmann, Paulus. Eine kultur- und religionsgeschichtliche Skizze, Tübingen [2]1925, 107: »Daß die Paulusfrömmigkeit christozentrisch ist, ist wohl allgemein zugestanden; aber wie verschieden denkt man sich das christozentrische Paulus-Christentum! Oft hat man insbesondere das Christozentrische identifiziert mit dem Christologischen. Aber die Paulusfrömmigkeit ist christozentrisch in einem viel tieferen und viel realistischeren Sinne: sie ist nicht zunächst eine Summe von Ueberzeugungen und hohen Lehren über Christus; sie ist Christus-›Gemeinschaft‹, Christ-›Innigkeit‹.« An Deissman knüpft Emmanuel L. Rehfeld in seiner sehr lesenswerten Monographie an: Relationale Ontologie bei Paulus. Die ontische Wirksamkeit der Christusbezogenheit im Denken des Heidenapostels, Tübingen 2012 (Wissenschaftliche Untersuchungen zum Neuen Testament – 2. Reihe, 326), bes. 222–324.

[4] Siehe dazu Sjef van Tilborg, Imaginative Love in John, Leiden et al. 1993 (Biblical Interpretation Series, 2), 88f.

[5] Vgl. Craig R. Koester, Symbolism in the Fourth Gospel. Meaning – Mystery – Community, Minneapolis, MN [2]2003, 242: »The Beloved Disciple [...] has a representative function. [...] The faithfulness he exhibited was exemplary, and it is precisely as a disciple that he provides a model for all disciples. [...] As a recipient of Jesus' love and a model of fidelity, the Beloved Disciple is the paradigm of discipleship generally.«

Betrachten wir das Bild weiter, so fällt auf, dass es mindestens zwei Details zeigt, die in Joh 13,23 keine Erwähnung finden. Zum einen hält der Lieblingsjünger die rechte Hand an seiner eigenen Brust, während er die linke offenhält, um das entgegenzunehmen, was Christus ebenfalls in seiner linken Hand hält: eine Schriftrolle mit einer zweifachen roten Schnur. Zum anderen hält der Jünger die Augen nicht verschlossen – wie dies etwa bei anderen Abbildungen der gleichen Szene der Fall ist[6] –, sondern richtet seinen Blick nach oben, auf Jesu Gesicht.

Vielmehr ruht er in Christus, weil und indem er sich Christus ganz, mit Seele und Leib, hingibt.

Der *epistēthios* liegt also nicht einfach untätig da. Selbst sein »Ruhen« in Christus darf nicht als Ausdruck bloßer Passivität gedeutet werden. Vielmehr ruht er in Christus, weil und indem er sich Christus ganz, mit Seele und Leib, hingibt. Zudem zeigen seine Hände, dass er auch bereit ist, von Jesus zu empfangen, was er ihm geben möchte: das Wort des Lebens, das nur er sprechen kann (Joh 6,68), weil nur er dieses Wort in Menschengestalt ist. Genau dieses Wort, das zugleich ganz göttlich und ganz menschlich ist (was womöglich die beiden Schnüre symbolisieren), möchte der Jünger empfangen und in sich, in sein eigenes Herz aufnehmen, damit Christus im Zentrum seiner Existenz »Wohnung nimmt« (Joh 14,23; vgl. Gal 2,20). Schließlich schaut der Jünger zu Jesus auf, nicht nur weil er ihn verehrt, sondern auch weil er sich nach ihm sehnt. Das kann auf den ersten Blick als paradox erscheinen, ist der Jünger doch schon bei Jesus angelangt, ist er doch schon »in Christus«. Sein Aufblicken deutet jedoch womöglich an, dass er und jeder, der in Christus ist – zum einen weil er sich Jesus hingibt und vom Herrn aufgenommen wird, zum anderen weil er das fleischgewordene Wort, das sich ihm mitteilt, in sich aufnimmt –, zugleich nach einer fortlaufenden Vertiefung seiner Christ-Innigkeit verlangt. Denn der Jünger ist, wie wir alle, noch im Fleisch, er lebt noch diesseits der Vollendung, die den *epistēthioi* verheißen ist (Phil 3,20f.) und ihr Sein *in* Christus in ein Sein *mit* Christus verwandeln wird (Phil 1,23).[7]

Die Dimensionen der Christ-Innigkeit und die »bleibenden Drei«

Die Darstellung des Lieblingsjüngers aus dem Kloster Vatopedi macht deutlich, dass das Sein in Christus bzw. die Christ-Innigkeit, welche der *epistēthios* verkörpert, mehrdimensional ist. Jede ihrer Dimensionen entspricht einer Weise, sich zu Christus

---

[6] Joachim Negel, Freundschaft. Von der Vielfalt und Tiefe einer Lebensform, Freiburg i. Br. et al. 2019, 28–30.
[7] Vgl. Rehfeld, Relationale Ontologie, 315; 348–351.

zu verhalten, und alle drei Verhaltungsweisen gehören – just wie die drei Dimensionen eines Raums – unauflöslich und organisch zusammen. Die erste und grundlegende ist die Selbsthingabe, die Bewegung auf Christus hin, der uns in sich aufnimmt (*nos in Christo*). Die zweite, die gleichsam ein Spiegelbild der ersteren darstellt, ist die Bewegung des Sich-Öffnens für Christus, der sich uns mitteilt und sich in uns aufnehmen lässt (*Christus in nobis*). Die dritte ist die Bewegung der Sehnsucht und des Verlangens nach Christus, *in dem* wir zwar bereits sind, aber *mit* und *bei dem* wir noch nicht sind. Wer im Fleisch Christ-Innigkeit erlebt, kann nicht umhin, sich zugleich und stets nach der Vollendung zu sehnen, die jenseits von Tod und Auferstehung auf ihn und sie wartet (*nos ad Christum*).

Diese drei Weisen der Christusbezogenheit entsprechen jenen »Drei« – wie sollen wir sie eigentlich bezeichnen: Tugenden, Haltungen, Vollzügen? –, von denen Paulus in 1Kor 13 spricht, indem er sagt, nur sie »blieben« (1Kor 13,13).[8] Denn Liebe (*agapē*) bedeutet in erster Linie und grundsätzlich nichts anderes als Selbsthingabe an Christus; sie bedeutet, ihm eingefügt und einverleibt zu sein, ähnlich wie ein Zweig, der in einen Ölbaum eingepfropft worden ist (Röm 11,17), wie die Rebe eines Weinstocks (Joh 15) oder das Glied eines Leibes, dessen Haupt Christus ist (Röm 12; 1Kor 12). Erst diese *agapische* Bezogenheit auf Christus ermöglicht eine ebenfalls agapische Zuwendung zu all jenen, denen gegenüber wir aufgerufen sind, ein Nächster zu sein (Lk 10,36 f.).

Glaube (*pistis*) ist seinerseits der Vollzug des Empfangens – im zweifachen Sinn des Wortes: Glaube ist eine solche Aufnahme des Wortes Gottes, d.h. Christi, die ihm Raum schafft, damit er im Glaubenden geistlich wachsen kann, wie dies einst leiblich mit Maria geschah (Lk 1,38). Erst diese *pistische* Bezogenheit auf Christus ermöglicht, dass wir empfänglich werden für alles, was uns begegnet, und alle, die uns begegnen; erst sie ermöglicht, dass wir uns ihnen zu öffnen und sie überhaupt *wahrzunehmen* vermögen (vgl. Lk 10,31–33).

Und schließlich ist Hoffnung (*elpis*) in erster Linie ebenfalls eine Weise der Christusbezogenheit, aber nun im Modus der gespannten Erwartung und Sehnsucht, oder, wie Paulus im Brief an die Philipper schreibt, im Modus des »Sich-Ausstreckens« nach dem, was vor uns liegt (Phil 3,13).[9] Denn zwar sind wir Christus

Wer im Fleisch Christ-Innigkeit erlebt, kann nicht umhin, sich zugleich und stets nach der Vollendung zu sehnen, die jenseits von Tod und Auferstehung auf ihn und sie wartet (nos ad Christum).

---

[8] Vgl. Heinrich Schlier, Nun aber bleiben diese Drei. Grundriss des christlichen Lebensvollzuges, Freiburg i. Br. ³2008 (Kriterien, 25), 15: »Glaube, Liebe, Hoffnung sind Grundweisen des ›In-Christus-Jesus‹-Seins, Kol 1,4 f.; Gal 5,6.«

[9] Siehe Rehfeld, Relationale Ontologie, 325–347 sowie 409–412.

einverleibt und haben ihn empfangen, aber wir sind noch nicht mit ihm zusammen in seiner Herrlichkeit; wir sind noch »Läufer im Stadion« (1Kor 9,24), die »vom Geist Gottes getrieben« werden (Röm 8,14); wir sind zwar gerettet, aber »im Zeichen der Hoffnung« (Röm 8,24). Hoffen heißt also gewissermaßen auch »lieben«, jedoch nicht im Sinne der agapischen Selbsthingabe, sondern der erotischen Sehnsucht, des innigsten Verlangens nach endgültiger und vollständiger Einigung mit Christus, der im Schoß des Vaters (Joh 1,18) auf uns wartet.[10] Erst diese *elpistische* Bezogenheit auf Christus verleiht dem Begriff »Hoffnung« überhaupt einen tieferen Sinn als denjenigen, der landläufig ihm zugeschrieben wird: Christlich verstandene Hoffnung ist kein letztes Refugium für Menschen, die die Realität nicht akzeptieren wollen und in weltfremden Wunschvorstellungen Trost suchen. Hoffnung ist vielmehr jene entschlossene Ausrichtung auf das Ziel, die die Fähigkeit zur Ausdauer verleiht.

> *Hoffnung ist vielmehr jene entschlossene Ausrichtung auf das Ziel, die die Fähigkeit zur Ausdauer verleiht.*

Darauf ist später zurückzukommen. Zuvor sei noch auf den Zusammenhang der drei Dimensionen der Christ-Innigkeit mit den praktischen Grundvollzügen der christlichen Lebensform hingewiesen sowie auf die Abgründe, zwischen denen sich der Weg christlicher Hoffnung entrollt.

Christ-Innigkeit und die Grundvollzüge der christlichen Lebensform

In Anlehnung an Apg 2,42 und vor dem Hintergrund der kirchlichen Praxis von ihren Anfängen an können die folgenden vier Vollzüge als grundlegend für die Konstituierung und Kultivierung der christlichen Lebensform betrachtet werden: das *Hören des Wortes Gottes* in der Lektüre der Heiligen Schrift sowie in der Verkündigung der Kirche; das *Gebet* als persönliche oder gemeinsame Hinwendung zu Gott mit Worten oder in der Stille, in geprägten oder freien Formen; die *Taufe* als einmalige Eingliederung in

---

[10] Vgl. Thomas von Aquin, Summa theologiae IaIIae q. 40 art. 2 resp.: »[...] cum spes importet extensionem quandam appetitus in bonum, manifeste pertinet ad appetitivam virtutem: motus enim ad res pertinet proprie ad appetitum. [...] Et secundum hoc, spes est motus appetitivae virtutis consequens apprehensionem boni futuri ardui possibilis adipisci, scilicet extensio appetitus in huiusmodi obiectum« – »Da Hoffnung ein gewisses Auslangen des Strebens nach Gut besagt, so fällt sie offenbar in den Bereich der Strebekraft; denn eine Bewegung zu den Dingen hin gehört im eigentlichen Sinn zum Bereich des Strebevermögens. [...] Demgemäß ist die Hoffnung eine Bewegung des Strebevermögens, die auf die Wahrnehmung eines zukünftigen, mühevollen, erreichbaren Gutes folgt, nämlich das Auslangen des Strebevermögens nach einem solchen Gegenstand« (dt. Übers. aus: Thomas von Aquin, Summa theologica – Vollständige, ungekürzte deutsch-lateinische Ausgabe, hg. von der Albertus-Magnus-Akademie Walberberg bei Köln, Bd. 10: Die menschlichen Eigenschaften, Heidelberg et al. 1955, 304).

den Leib Christi; die *Eucharistie* als wiederholte Bekräftigung und Vertiefung jener Eingliederung durch Christus selbst, der denjenigen, die an seinem Tisch teilhaben, wirklich und wirksam austeilt und sich mitteilt.

Drei dieser Vollzüge korrespondieren relativ eindeutig – obgleich nicht exklusiv – je einer der drei Dimensionen der Christ-Innigkeit: Die Taufe ist das Sakrament der agapischen Selbsthingabe an Christus – *nos in Christo*; das Hören und Aufnehmen des Gotteswortes ist pistisches Empfangen Christi – *Christus in nobis*; das Gebet ist elpistische und erotische Hinwendung zu Gott in Christus, es ist »Suche« (Dtn 4,29 LXX; Kol 3,1; Hebr 11,6) und Verlangen nach dem, der uns zu sich zieht (Joh 6,44) und selbst nach uns verlangt – *nos ad Christum*.[11]

Im Heiligen Abendmahl kommen alle drei Dimensionen gleichsam verdichtet zusammen, was wiederum dessen herausragende Bedeutung als Kristallisationspunkt all dessen, was Christsein ausmacht, erklärt. Denn in der Teilhabe an Brot und Wein teilt sich zum einen Christus uns mit, sodass wir ihn in uns aufnehmen können. Die Eucharistie ist insofern Ort des Empfangens Christi. Zum anderen ist der Tisch, an dem Christus empfangen wird, auch ein Altar, an dem sich die Versammelten ihm darbringen (Röm 12). Die Eucharistie ist in diesem Sinn Ort der Selbsthingabe an Christus. Und zum dritten sind die an den Tisch des Herrn herantretenden Getauften solche, die sich nach dem eschatologischen Hochzeitsmahl des Lammes sehnen (Offb 19,7.9; vgl. Lk 14,15); solche, die nicht bloß darauf zurückschauen, was ihr Herr für sie getan hat, und nicht nur gegenwärtig ihn genießen, sondern sich auch erwartungs- und sehnsuchtsvoll nach dem Kommenden ausstrecken. Die Eucharistie ist somit auch Ort jener »entschlossene[n] Ausrichtung auf die Zukunft des Herrn«, in der die grundsätzlich »eschatologische Spannung des Glaubens« deutlich wird.[12]

Im Hintergrund eines lateinischen Abendmahlsrüstgebetes, welches traditionell Thomas von Aquin (1225–1274) zugeschrieben wird, scheint genau diese Einsicht zu stehen: dass in der

---

[11] Vgl. Josef Pieper, Über die Hoffnung, in: Ders., Werke, Bd. 4: Schriften zur Philosophischen Anthropologie und Ethik. Das Menschenbild der Tugendlehre, hg. von Berthold Wald, Hamburg 1996, 256–295, hier 269: »»Wie uns unser Erlöser den Glauben gewirkt und vollendet hat, so war es heilsam, daß er uns auch in die lebendige Hoffnung einführte, indem er uns das Gebet lehrte, durch das unsere Hoffnung am meisten zu Gott hin aufgerichtet wird.‹ [Zitat aus: Thomas von Aquin, Compendium theologiae 2.3] Gebet und Hoffnung sind einander wesenhaft zugeordnet. Das Gebet ist die Äußerung und Kundgabe der Hoffnung; es ist *interpretativa spei*, in ihm spricht die Hoffnung sich selber aus.«

[12] Karl Bernhard Ritter, Kirche und Wirklichkeit (1936), in: Ders., Kirche und Wirklichkeit. Gesammelte Aufsätze, Kassel 1971, 27–42, hier 41.

eucharistischen göttlich-menschlichen Handlung[13] alle drei Dimensionen der Christ-Innigkeit zusammenkommen. Denn in Form von drei aufeinanderfolgenden Bitten bereitet sich der Beter auf die Teilnahme an der Eucharistie vor, indem er sich deren dreifache Bedeutung als Sakrament des Empfangens Christi, der Selbsthingabe an ihn und der sehnsüchtigen Ausrichtung auf die eschatologische Gemeinschaft mit ihm vergegenwärtigt:

[Empfangen / Glaube / »Christus in nobis«:] Allmächtiger, ewiger Gott, [...] lass mich, so flehe ich, nicht nur das Zeichen vom Leib und vom Blut des Herrn empfangen, sondern auch das, was das Sakrament bezeichnet, und dessen wirkliche Kraft.[14]

[Selbsthingabe / Liebe / »nos in Christo«:] O gütigster Gott, gewähre mir, den Leib deines einziggeborenen Sohnes, unseres Herrn Jesus Christus, welchen er von der Jungfrau Maria bekam, so zu empfangen, dass ich gewürdigt werde, seinem mystischen Leib einverleibt und zu dessen Gliedern gezählt zu werden.[15]

[Verlangen / Hoffnung / »nos ad Christum«:] O liebreichster Vater, lass mich deinen geliebten Sohn, den jetzt nur in Verhüllung aufzunehmen ich mich anschicke, dereinst enthüllten Antlitzes ewiglich betrachten.[16]

Dass just das Abendmahlssakrament als eminenter Vollzug der Christ-Innigkeit gelten mag, und zwar in all ihren drei Dimensionen zugleich, wird aber schon durch die Darstellung angedeutet, von der wir anfangs ausgegangen sind. Denn was ist dort anderes

---

[13] Alle praktischen Grundvollzüge der Christ-Innigkeit sind Handlungen, die ganz göttlich und ganz menschlich zugleich sind, wobei göttliche Wirkung und menschliches Handeln im asymmetrischen Verhältnis zueinander stehen: Gott der Heilige Geist wirkt in dem und durch das, was Menschen tun (etwa essen und trinken), indem er dieses Tun in Anspruch nimmt und zum Ort seiner eigenen Wirksamkeit macht (im Falle des Abendmahls: der wirklichen Selbstmitteilung des Sohnes an die Essenden und Trinkenden). Vgl. dazu Luca Baschera, Gebet als Buße. Von der Notwendigkeit, sich immer wieder Gott zuzuwenden, in: Wachet und betet. Mystik, Spiritualität und Gebet in Zeiten politischer und gesellschaftlicher Unruhe, hg. von Oliver Dürr et al., Münster i. W. 2021 (Glaube & Gesellschaft, 10), 175–191, hier 182–184.

[14] Oratio S. Thomae Aquinatis, in: Preces selectae, hg. von Johannes Vilar, Köln ³2013, 25 f.: »Omnipotens, sempiterne Deus, [...] da mihi, quaeso, Dominici Corporis et Sanguinis non solum suscipere sacramentum, sed etiam rem et virtutem sacramenti.«

[15] A. a. O., 26: »O mitissime Deus, da mihi corpus unigeniti Filii tui, Domini nostri Iesu Christi, quod traxit de Virgine Maria, sic suscipere, ut corpori suo mystico merear incorporari et inter eius membra connumerari.«

[16] Ebd.: »O amantissime Pater, concede mihi dilectum Filium tuum, quem nunc velatum in via suscipere propono, revelata tandem facie perpetuo contemplari.«

als ein Detail des »Ur-Abendmahls« abgebildet? Als wollte jenes Fresko dem Betrachter sagen: »Schau her! Dreierlei tut der Lieblingsjünger beim Letzten Mahl Jesu: Er gibt sich Christus hin, er empfängt Christus und er streckt sich nach Christus aus. Damit erweist er sich als wahrhaftiger *epistēthios*, als Teilhaber an der Christ-Innigkeit. Ahme ihn also nach, vollziehe auch du seine dreifache Bewegung – wenn du zum Tisch des Herrn herantrittst und darüber hinaus!«

Dreierlei tut der Lieblingsjünger beim Letzten Mahl Jesu: Er gibt sich Christus hin, er empfängt Christus und er streckt sich nach Christus aus.

Der schmale Weg (in) der Hoffnung

Eine der Grundeinsichten aristotelischer Ethik ist, dass es für jede Tugend zwei diametral entgegengesetzte Laster gibt. Den Weg der Tugend zu gehen, bedeutet insofern, sich zwischen zwei ebenso gefährlichen Abgründen zu bewegen, die gleichermaßen zu vermeiden sind, will man auf dem »rechten Kurs« bleiben. So stehen etwa der Tugend des Mutes die beiden – einander selbst entgegengesetzten – Laster der Feigheit und der Vermessenheit entgegen.[17] Die Tugend befindet sich immer »mitten zwischen« zwei Lastern, oder: *in medio stat virtus* (»die Tugend steht in der Mitte«).[18] Nun ist es laut Aristoteles zwar möglich, auf das Verhältnis zwischen Tugend und Laster(n) gleichsam *quantitativ* zu reflektieren, indem man sie verschiedenen Graden auf einer Skala entsprechen lässt.[19] So stünden etwa Feigheit und Vermessenheit an den Extremen einer Skala der »Angst«, wobei der restlos Feige von Angst besessen, der restlos Vermessene hingegen gänzlich angstfrei wäre. Der Mutige befände sich nach diesem Modell hingegen in der – hier quantitativ bestimmten – Mitte einer solchen Skala.

Viel fundamentaler für das Verständnis des Wesens der Tugend ist jedoch eine *qualitative* Betrachtung von deren Verhältnis zu den ihr widersprechenden Lastern. Ihr zufolge entsprechen in einer Tugend-Laster-Trias die beiden Laster einerseits und die eine Tugend andererseits nicht je verschiedenen Graden auf einer Skala. Qualitativ betrachtet ist jedes der beiden Laster vielmehr der einen Tugend, die in deren Mitte steht, kontradiktorisch entgegengesetzt, wohingegen die beiden Laster zwar ebenfalls einander entgegengesetzt, aber nur im konträren Gegensatz zu-

---

[17] Aristoteles, Ethica Nicomachea 2.7, 1107a 33–1107b 4.
[18] A. a. O. 2.6, 1106b 36–1107a 3: »Die Tugend [...] ist die Mitte zwischen zwei Lastern, von denen das eine auf Übermaß, das andere auf Mangel beruht« (dt. Übers. aus: Aristoteles, Nikomachische Ethik, übers. von Ursula Wolf, Hamburg 2006, 85).
[19] Dazu und zu den folgenden Erläuterungen zur aristotelischen Ethik siehe Ingemar Düring, Aristoteles. Darstellung und Interpretation seines Denkens, Heidelberg ²2005, 448–450.

einander stehen.[20] So ist es durchaus möglich, dass ein und derselbe Mensch »dreist und feige in einem« ist, während das »Mittlere mit keinem der beiden Extreme zusammen« vorkommt.[21] Tugend ist demzufolge kein »goldenes Mittelmaß« im Sinne einer »richtigen« Dosierung von Gegensätzen oder eines Kompromisses zwischen verschiedenen Lastern. Sie ergibt sich vielmehr aus der gleichzeitigen und ebenso entschlossenen Abwehr beider einander entgegengesetzter Laster, inmitten derer sie zu stehen hat. Oder anders ausgedrückt: Mutig ist nicht, wer sowohl (ein bisschen) feige als auch (ein bisschen) vermessen ist, sondern wer gänzlich *weder* feige *noch* vermessen ist.

Es kann durchaus hilfreich sein, christliche Hoffnung als Tugend zu betrachten, um ausgehend von ihren beiden kontradiktorischen, aber einander nur konträren Gegensätzen die Eigenart der Hoffnung besser zu konturieren. Als solch kontradiktorische Gegensätze der Hoffnung identifiziert etwa Josef Pieper einerseits die *praesumptio* als »seinswidrige Vorwegnahme der Erfüllung«, andererseits die *desperatio* als »seinswidrige Vorwegnahme der Nicht-Erfüllung«.[22] Jürgen Moltmann schließt sich Pieper an: »Die Vermessenheit [*praesumptio*] ist eine unzeitige, eigenwillige Vorwegnahme der Erfüllung des von Gott Erhofften. Die Verzweiflung [*desperatio*] ist die unzeitige, eigenmächtige Vorwegnahme der Nichterfüllung des von Gott Erhofften. Beide Weisen der Hoffnungslosigkeit durch vorweggenommene Erfüllung oder durch preisgegebene Hoffnung heben das Unterwegssein der Hoffnung auf. Sie empören sich gegen die Geduld der Hoffnung, die auf den Gott der Verheißung traut. Sie wollen ungeduldig ›jetzt schon‹ Erfüllung oder ›überhaupt nicht‹ Hoffnung.«[23]

Zwei neutestamentliche Begriffe, die diese beiden Gegensätze der Hoffnung artikulieren, sind *alazoneia* (»Übermut«, »Hoffart«: Jak 4,16; 1Joh 2,16) und *oligopsychia* (»Kleinmut«, vgl. 1Thess 5,14). Übermütig ist, wer sich bereits am Ziel seines Stre-

---

[20] Zur Unterscheidung von konträren und kontradiktorischen Gegensätzen vgl. Aristoteles, De interpretatione 7, 17b 17–26: »Die Bejahung [ist] der Verneinung kontradiktorisch entgegengesetzt [...], wenn jene das Allgemeine bezeichnet und diese will, daß eben dieses nicht allgemein gelten soll; z. B. jeder Mensch ist weiß – nicht jeder Mensch ist weiß, kein Mensch ist weiß – ein Mensch ist weiß. Konträr entgegengesetzt dagegen nenne ich die Bejahung des Allgemeinen und die Verneinung des Allgemeinen, z. B. jeder Mensch ist gerecht – kein Mensch ist gerecht, jeder Mensch ist gerecht – kein Mensch ist gerecht« (dt. Übers. aus: Aristoteles, Lehre vom Satz, übers. von Eugen Rolfes, Darmstadt 1995 [Aristoteles – Philosophische Schriften, 1], 6).

[21] Aristoteles, Ethica Eudemia 3.7, 1234a 34–1234b 4 (dt. Übers. aus: Aristoteles, Eudemische Ethik, übers. von Franz Dirlmeier, Darmstadt 1962 [Aristoteles – Werke in deutscher Übersetzung, 7], 61).

[22] Pieper, Über die Hoffnung, 275.

[23] Jürgen Moltmann, Theologie der Hoffnung. Untersuchungen zur Begründung und zu den Konsequenzen einer christlichen Eschatologie, München 1966, 18 f.

bens angelangt zu sein dünkt; kleinmütig ist hingegen, wer über-
zeugt ist, nie das angestrebte Ziel erreichen zu können. Sowohl
der Über- als auch der Kleinmütige geben die Hoffnung auf, denn
sie strecken sich eben nicht wie »Läufer im Stadion« (1Kor 9,24)
nach dem aus, was vor ihnen liegt (Phil 3,13): der eine, weil er den
»Siegespreis« bereits in Händen zu halten meint;[24] der andere,
weil er es für schier unmöglich hält, ihn je zu erhalten.

Hoffnung, das erotische Verlangen und Sich-Sehnen nach voll-
kommener Christusgemeinschaft, steht mitten zwischen diesen
beiden Gegensätzen, von denen jeder eine totale Negation der
Hoffnung darstellt. Worin besteht nun aber genau die Hoffnung
an sich? Sie besteht darin, was zum einen der *oligopsychia* und
zum anderen der *alazoneia* widerspricht. Denn sind diese die zwei
Dimensionen der Hoffnungslosigkeit, so müssen ihre kontradiktorischen Gegensätze die beiden Grunddimensionen der Hoffnung ausmachen.

Kontradiktorischer Gegensatz des Kleinmuts, der sagt: »Niemand wird das Ziel erreichen«, ist die Langmut (*makrothymia*,
vgl. 2Kor 6,6; Gal 5,22; Hebr 6,12), der entgegnet: »Einige werden
doch das Ziel erreichen.« Die Langmut rechnet also mit der Möglichkeit, den Siegespreis zu erlangen, was wiederum zur Geduld
(*hypomonē*, vgl. Röm 8,25; 1Thess 1,3), d.h. zur Beharrlichkeit
und Ausdauer im »Wettlauf«, führt.[25]

Im Gegensatz zum Übermut steht die Demut (*tapeinophrosynē*,
vgl. Phil 2,3; Kol 3,12), denn auf den ersteren, der behauptet:
»Einige haben das Ziel schon erreicht!«, antwortet die letztere:
»Keiner ist bereits am Ziel angelangt!« Die *Demut* weiß also um
den Unterschied zwischen Siegesmöglichkeit (die die *Langmut*
anders als der *Kleinmut* zu Recht bejaht) und Siegeswirklichkeit
(die entgegen der Meinung des *Übermuts* noch nicht eingetroffen
ist, vgl. Phil 3,12) und lehrt, die beiden nicht miteinander zu ver-
wechseln.

---

[24] Gerade tugendhafte und fromme Menschen sind mehr als andere der Gefahr ausgesetzt,
von Übermut befallen zu werden, vgl. Maximos der Bekenner, Verschiedene Kapitel
über die Theologie und das Heilswirken Gottes sowie über die Tugend und Schlechtig-
keit, in: Philokalie der heiligen Väter der Nüchternheit, Bd. 2, Beuron ³2016, 209–366,
hier 291–293 [3.69; 77]: »Keiner der bösen Dämonen behindert den Eifer des Tugend-
haften. Vielmehr macht er tückisch mit dem Zuwenig an Tugenden ein Ende und rät zu
erhöhtem Einsatz, wobei er sich zusammen mit den Kämpfern eifrig bemüht. [...] Die
Dämonen [...], die (uns) durch Überfluß (an Tugend) bekämpfen, sind diejenigen,
welche (uns) die Anmaßung, die eitle Ehrsucht und den Hochmut lehren und (uns)
heimlich durch die rechten Dinge mit den verkehrten durchbohren.«
[25] Vgl. Henning Theißen, Glaube – Hoffnung – Liebe. Erträge der Theologie für Menschen
heute, Gütersloh 2021, 79 f.: »Geduld ist [...] die Kehrseite dieser Hoffnung. [...] Geduld
[...] ist [...] das Vermögen, sich der Zeit auszusetzen und ihren Bedrängnissen standzuhal-
ten, anstatt ihnen durch Zuflucht zu einem besseren Jenseits zu entrinnen.«

Wer auf dem schmalen Weg der Hoffnung bleiben will, soll in diesem Sinn stets und gleichzeitig den beiden Versuchungen entgehen, die sich kontradiktorisch zur Hoffnung verhalten. Er und sie soll stets demütig *und* langmütig bleiben, um weder im Abgrund des Übermuts noch in jenem des Kleinmuts zu versinken.

Die wahren »Elpistiker«

Sosehr eine tugendethische Reflexion auf die Hoffnung dazu verhelfen kann, ihre Beschaffenheit besser zu erfassen, birgt sie dennoch gewisse Risiken. Zum einen könnte ein solcher Ansatz – besonders in Verbindung mit einer einseitigen Lektüre der agonalen Bilder, die Paulus selbst verwendet (1Kor 9,24–27; Phil 2,16; 3,14)[26] – dazu verleiten, christliche Hoffnung mit einer Art »stoischer« Ausdauer gleichzusetzen. Die mit der Hoffnung einhergehende Ausdauer und Beharrlichkeit im »Wettlauf« gründen jedoch letztlich nicht in einer vermeintlichen Charakterstärke des »Läufers«, sondern vielmehr in der Gewissheit, dass das zwar *noch nicht* erreichte Ziel uns dennoch *bereits* eingeholt hat: »Nicht, dass ich's schon ergriffen habe oder schon vollkommen sei; ich jage ihm aber nach, ob ich's wohl ergreifen könnte, *weil ich von Christus Jesus ergriffen bin*« (Phil 3,12). Wir laufen noch auf das Ziel hin, aber dies können wir paradoxerweise nur deshalb tun, weil dieses Ziel (Christus) *uns* bereits erreicht hat.

Zum anderen läuft die Bestimmung der Hoffnung als Tugend tendenziell darauf hinaus, sie als eine dem Christenmenschen inhärente Qualität (Habitus) aufzufassen. Wie das zuletzt angebrachte Zitat deutlich macht, ist Hoffnung aber ebenso »grundlegend relational strukturiert« wie das gesamte »Sein in Christus«, wovon sie eine Dimension darstellt: »Dinglich-substanzhafte Denkmuster« weichen bei Paulus »einem relational-ontologischen Ansatz: [...] Um den lebendigen Gekreuzigten dreht sich alles, am relationsontisch wirksamen ›Sein in Christus‹ (*einai en Christō*) hängt das Sein der Christusgläubigen, auf ihr zukünftiges ›Sein mit Christus‹ (*einai syn Christō*) richtet sich ihre ganze Hoffnung.«[27] Bestimmt Hoffnung (zusammen mit Liebe und Glaube) die Wirklichkeit christlichen Lebens, so gründet sie gerade als ein solch bestimmendes Element in der Relation zu Jesus Christus und bleibt auch von dieser immer abhängig:

---

[26] Für eine detaillierte Analyse der Agon-Metaphorik bei Paulus siehe Uta Poplutz, Athlet des Evangeliums. Eine motivgeschichtliche Studie zur Wettkampfmetaphorik bei Paulus, Freiburg i.Br. et al. 2004 (Herders Biblische Studien, 43).

[27] Emmanuel L. Rehfeld, Geordnete Verhältnisse. Anmerkungen zum paulinischen Verständnis der »Gottesgerechtigkeit« nach Römer 3,21–26, in Kerygma und Dogma 68/3 (2022), 183–207, hier 186. Vgl. auch Ders., Relationale Ontologie, 307–315.

Anders als eine habituelle Eigenschaft (Tugend) kann christliche Hoffnung für sich und abgesehen von der Relation, die sie konstituiert, nicht bestehen.

Das Ziel, das christliche Hoffnung beharrlich anstrebt, ist insofern Christus selbst als derjenige, auf den die Glaubenden grundsätzlich bezogen sind: In ihm sind sie *bereits* und Christus lebt *bereits* in ihnen. Dies macht wiederum die Hoffnung nicht überflüssig, im Gegenteil: Christliche Hoffnung gehört gerade *als* erotisches und agonales Streben essenziell zu den untrennbaren und organisch zusammengehörenden Dimensionen der Christ-Innigkeit. Denn die Christ-Innigen sind zwar bereits *in* Christus, aber noch nicht *mit* und *bei* ihm. Man kann somit nicht an Christus glauben (d. h., ihn empfangen) und ihn lieben (d. h., sich ihm gänzlich überantworten), ohne zugleich auf ihn zu hoffen (d. h., sich nach ihm auszustrecken), oder: Jeder Christusglaubende und -liebende ist immer auch ein »Elpistiker«.

Mit diesem Terminus bezeichnete Plutarch von Chaironeia (ca. 45–125) eine Gruppierung, von der sonst nichts bekannt ist. In seiner vierten *Tischrede* ist zu lesen: »[...] die Philosophenschule der Elpistiker [*elpistikoi*] behauptet, die Hoffnung sei der einzige Halt des Lebens, da das Leben ohne diese und ihren Reiz unerträglich sei [...].«[28] Plutarchs Notiz gab in der Folge reichlich Anlass zu Spekulationen darüber, wer eigentlich diese *elpistikoi* gewesen sein mögen. So vertrat etwa der lutherische Theologe und Philosophiehistoriker Christoph August Heumann (1681–1764) die Ansicht, Plutarch habe damit auf die Christen hinweisen wollen, sei doch die Hoffnung auf die Auferstehung ein wesentliches Merkmal ihres Glaubens, welches sie zugleich von allen antiken »Philosophenschulen« abhebe (vgl. schon Apg 17,32).[29] Gotthold Ephraim Lessing (1729–1781) verwarf seinerseits Heumanns Interpretation, weil die Hoffnung, von der Plutarch spreche, keine eschatologische, sondern eine rein diesseitige sei.[30] Lessing neigte insofern dazu, »Elpistiker« als spöttische Bezeichnung für allerlei Wahrsager und »Pseudomanten« zu betrachten, deren »Künste« auf dem »allen Menschen natürliche[n] Hang« zur Hoffnung beruhten.[31]

Was bei Lessing Hoffnung heißt, könnte ebenso gut »Wunschdenken« genannt werden: das Sich-Klammern an eine bestimmte Vorstellung, obwohl alles Messbare und alles empirisch Feststell-

Das Ziel, das christliche Hoffnung beharrlich anstrebt, ist insofern Christus selbst als derjenige, auf den die Glaubenden grundsätzlich bezogen sind: In ihm sind sie bereits und Christus lebt bereits in ihnen.

---

[28] Plutarch, Tischreden 4.4.3, in: Ders., Moralia, hg. von Christian Weise/Manuel Vogel, Bd. 2, Wiesbaden 2012, 9–218, hier 95 [668E].

[29] Gotthold Ephraim Lessing, Über die Elpistiker, in: Ders., Sämmtliche Schriften, Bd. 11, Berlin 1839, 51–64, hier 52.

[30] A. a. O., 54.

[31] A. a. O., 59.

bare dagegenspricht. Dass davon jede Form von spiritueller, politischer, ökonomischer, metaphysischer »Pseudomantik« (man könnte auch von ideologischem Utopismus sprechen) lebt, steht wohl außer Frage. Viel fragwürdiger wäre es jedoch, Hoffnung überhaupt und vor allem die christliche Hoffnung mit einem solchen Wunschdenken gleichzusetzen. Als wäre sie gleichsam das Letzte, was – zumindest als Phantasterei – noch übrigbleibt, nachdem alles berechnet, gemessen und ausprobiert wurde, was zu berechnen, zu messen und auszuprobieren war. Wenn nichts übrigbleibe, was wir machen könnten, dann – dann könne man »nur noch« hoffen, hieße es. Hoffnung wäre in diesem Sinn eine Art Lüge; eine Lüge, die man gleichsam sich selbst erzählt, um nicht gänzlich aufzugeben. Dabei tue man so, als wäre das, was unwahrscheinlich ist, doch möglich, und man wiege sich mehr oder weniger bewusst in einer Illusion, weil diese Illusion das einzige sei, was uns am Leben zu erhalten vermöge.

Dass Hoffnung als schwacher Trost für Menschen, die es nicht schaffen, der messbaren und empirisch untersuchbaren Wirklichkeit in die Augen zu schauen und diese einfach so zu akzeptieren, wie sie halt ist; dass Hoffnung als Opiat für schwache Gemüter und für all jene, die den blanken, grundlosen und deshalb auch sinnlosen Schmerz des Lebens nicht ertragen, wenn es mit seinem Skalpell immer weiter und mit immer neuen Wendungen in unseren Wunden bohrt; dass Hoffnung von Christentumskritikern verschiedener Couleurs – und nicht nur von ihnen – so karikiert wurde und wird,[32] ist nicht weiter erstaunlich. Umso wichtiger ist es jedoch, solchen Zerrbildern die wahre Gestalt der *elpis* als grundlegende Dimension der Christ-Innigkeit entgegenzuhalten.

Denn es steht fest: Wen auch immer Plutarch im Sinn gehabt haben mag, Christinnen und Christen sind tatsächlich immer wahre »Elpistiker«. *Erstens* sind sie es, weil Hoffen für Christenmenschen eben nicht bedeutet, sich fromm zu belügen und als Palliativum schwachen Trost zu verabreichen. Hoffen bedeutet erstreben, es bedeutet sich ausstrecken, gar drängen. Hoffnung ist Bewegung, die Bewegung auf das erstrebte und ersehnte Ziel hin – das kein erdachtes, sondern ein wirkliches Ziel ist, das uns bereits »ergriffen« hat –, und zwar über alle Hindernisse hinweg, die einem im Weg stehen mögen.[33] Hoffen bedeutet, sich mit Eros

---

[32] Vgl. Terry Eagleton, Hoffnungsvoll aber nicht optimistisch, übers. von Hainer Kober, Berlin 2016, 74–76; 81f.

[33] Vgl. Theißen, Glaube – Hoffnung – Liebe, 70: »Hoffnung ist etwas völlig anderes als *wishful thinking*, weil sie sich nicht aus Projektionen eines mehr oder minder hoffnungslosen Diesseits speist, sondern eine jenseitige oder transzendente Wirklichkeit voraussetzt und vom Glauben an Gott nicht abgekoppelt werden kann.«

nach dem Realissimum auszustrecken, nach dem es uns sehnsüchtig verlangt. Diese Hoffnung ist dynamisch, sie ist erotisch; sie ist Drang, sie ist Spannung, sie ist Kampf.

Zweitens sind Christinnen und Christen immer »Elpistiker«, weil das, worauf sich ihre Hoffnung bezieht, derselbe ist, auf den sich jede der beiden anderen Dimensionen ihrer Lebensform auch bezieht. Denn gehofft wird christlich-theologisch gesprochen und im eminenten Sinn auf nichts, was Kreatur oder Erzeugnis der Technik und menschlicher Erfindung wäre. Gehofft wird nur auf Jesus Christus, den menschgewordenen Sohn Gottes, den Gekreuzigten, den Auferstandenen, den Lebendigen.[34] Er ist das Ziel, er ist das Realissimum, zu dem sich die an ihn Glaubenden und ihn Liebenden hinbewegen und auf das sie drängen.[35]

Dies kann für solche, die in Christus sind, freilich auch nicht anders sein. Denn so, wie sie an ihn glauben – d. h. ihn empfangen und in sich aufnehmen –, und so, wie sie ihn lieben – d. h. sich ihm ganz hingeben, der sich für sie hingegeben hat –, hoffen sie auch auf ihn und auf niemand und nichts anderes: Sie sehnen sich danach und drängen erwartungsvoll dazu, am Ziel anzukommen, da sie mit ihm vollkommen vereint sein werden. Es verhält sich somit bei jedem Christenmenschen wie beim Lieblingsjünger: Wer ein *epistēthios* ist, ist immer *Agapiker*, *Pistiker* sowie *Elpistiker* zugleich.

Dr. Luca Baschera, geb. 1980, ist Privatdozent für Praktische Theologie an der Theologischen Fakultät der Universität Zürich und Mitglied des Ministeriums Verbi Divini in der Evangelisch-reformierten Landeskirche des Kantons Zürich. Er arbeitet als Wissenschaftlicher Mitarbeiter am Institut für Schweizerische Reformationsgeschichte der Universität Zürich sowie als Fachreferent für Theologie und Religionswissenschaft (Liaison Librarian) an der dortigen Universitätsbibliothek. Er ist Vikar im Konvent Schweiz der Evangelischen Michaelsbruderschaft.

> *Gehofft wird nur auf Jesus Christus, den menschgewordenen Sohn Gottes, den Gekreuzigten, den Auferstandenen, den Lebendigen.*

---

[34] Aufgrund ihrer christologischen Fundierung unterscheidet sich christliche Hoffnung wesentlich und gleichermaßen von älteren wie auch von neueren – etwa transhumanistischen – Formen von Fortschrittsoptimismus. Siehe dazu Oliver Dürr, Homo novus. Vollendlichkeit im Zeitalter des Transhumanismus – Beiträge zu einer Techniktheologie, Münster i.W. 2021 (Studia Oecumenica Friburgensia, 108), bes. 425–453.

[35] Vgl. Schlier, Nun aber bleiben diese Drei, 53: »Wir hoffen, wenn wir hoffen, auf Christus. [...] Die Hoffnung richtet sich also insofern auf Jesus Christus, als sie auf das unverhüllte und endgültige Hervortreten und Anwesen des für uns gekreuzigten und in seiner Auferstehung zum Herrn der Welt und der Kirche erhobenen Jesus Christus aus seiner Verborgenheit bei Gott wartet.«

Hoffnung als Ressource für die Seelsorge

von Thomas Thiel

Seid jederzeit bereit, jedem Rede und Antwort zu stehen, der euch auffordert, Auskunft über die Hoffnung zu geben, die euch erfüllt.

(1Petr 3,15)

Nun denn. Es mag sein, dass Seelsorgerinnen und Seelsorger, ob sie nun ehren-, neben- oder hauptamtlich seelsorglich tätig sind, nicht allzu häufig gebeten werden, über die ihnen innewohnende Hoffnung Auskunft zu geben. In dreißig Jahren Pfarrersein ist es mir jedenfalls überschaubar selten passiert. Zumindest nicht so direkt: *»Herr Pfarrer, welche Hoffnung haben Sie denn?«*

Die Frage wird viel subtiler, viel vorsichtiger und dabei oftmals sehr existentiell gestellt. Manchmal genügt ein Blick der Angehörigen eines schwerkranken Menschen am Krankenbett in der Klinik: *»Wird sie es schaffen?« »Wird er überleben?«* Ich werde eine Situation nie vergessen: Schon am frühen Morgen hatten mir die behandelnden Ärzte deutlich gemacht, dass die Überlebenschance der Patientin prozentual im niederen einstelligen Bereich liegen würde. Die Söhne aber hatten mir wenig später gesagt: *»Mama schafft das.«* Im unmittelbar darauffolgenden Dreiergespräch mit den Chefs der Chirurgie und der Intensivstation nach meiner Meinung gefragt, gab ich diesen Hoffnungssatz eins zu eins weiter. Ein Moment Stille. Dann der Chirurg: *»Wir machen weiter.«* Die Hoffnung war stark. Und die Mutter hat überlebt.

Nicht immer siegt das Leben über den Tod, im Klinikalltag weiß jede und jeder darum. Aber ohne Hoffnung lässt sich in diesem Alltag schwerlich arbeiten, weder seelsorglich noch medizinisch oder therapeutisch. Was also ist ihr Wesen, was macht die Hoffnung zu dem, was sie ist, warum ist sie so unverzichtbar und doch so unnahbar unbegreiflich? Was macht die christliche Hoffnung zu einer Ressource, die mich durch das Leben trägt und im Sterben nicht verlässt?

Was macht die christliche Hoffnung zu einer Ressource, die mich durch das Leben trägt und im Sterben nicht verlässt?

Spurensuche in drei Vignetten

Ich sitze im Spätsommer im Geviert eines uralten Zisterzienserinnenklosters in Brandenburg. Vor über 750 Jahren haben Menschen mit dem Bau des Klosters begonnen und in der Prignitz ein geistliches Zentrum geschaffen – heute ist es das *Kloster Stift zum*

Heiligengrabe. Ins Geviert, das von einem vollständig erhaltenen Kreuzgang umgeben ist, scheint von einem wolkenlosen Septemberhimmel die wärmende Sonne. Ein Pärchen Rotschwänze tanzt und flirtet über der Wiese um mich herum. Es ist still. Mein Denken kommt zur Ruhe und ich versuche mich in die Menschen hineinzuspüren, die über Jahrhunderte hier gebetet, geglaubt und gehofft haben. Gegen die Widrigkeiten mittelalterlicher Heidenkulturen, gegen neuzeitliche Scheinaufklärungen und diktatorischen Stumpfsinn. Die Mauern haben die Hoffnung getragen. Und die Hoffnung die Mauern.

Paul Klee hat es vermocht, mit wenigen Strichen Engel auf einem Blatt Papier einzufangen. Sein »Engel voller Hoffnung« steht als Karte auf meinem Schreibtisch. 1939 hat er ihn gezeichnet. Als immer noch Hoffnung war, gegen den Augenschein. In finsterster Zeit. Einen Engel, der standhält, nicht aufgibt, der fragend schaut, hinein in mein suchendes Auge, selbst fragend, fast flehend: »*Bitte, hoff mit mir, lass mich nicht allein.*« Vielleicht brauchen die Engel unsere Hoffnung, damit sie hereinkommen können in unsere Welt. Vielleicht ist unsere Hoffnung eine Art Zugangsberechtigung für die Engel, denn sie sind zurückhaltend und scheu geworden, wollen herbei- und hereingehofft werden in unseren Alltag. Sie drängen sich nicht auf.

Auf meiner Hoffnungswörterspurensuche habe ich mir irgendwann einen Satz notiert, ohne den Autor aufzuschreiben. Er ist es wert, geteilt zu werden: »*Der Mensch kann ohne die Hoffnung überhaupt nicht einen Schritt im Dasein machen, soweit es der physischen Welt angehört.*« Damit habe ich einen Faden an der Hand, eine Spur gefunden, der ich nachgehen möchte. Dazu gehört die Frage, wie irdische und geistig/geistliche Welt hoffnungs-*praktisch* zusammengehören. Und dann ist auch die Dynamik des Hoffnungsgeschehens ins Licht gerückt: Wie kann es im Leben denn weitergehen, welche Potenz, welche Energie treibt die Hoffnung um, welche Prozesse – lebensgeschichtlich, seelsorglich, spirituell – bringt sie in Bewegung? Eine Ahnung steigt in mir auf: Möglicherweise habe ich die Hoffnung bisher als Stiefkind der paulinischen Trias (Glaube, Liebe, Hoffnung – 1Kor 13,13) zu selten wertgeschätzt. Nun denn: Das soll sich ändern.

Meine Hoffnung

Ich beginne also noch einmal mit dem anfänglichen *petrinischen* Diktum: » *[...] Hoffnung zu geben, die euch erfüllt.*« Die Hoffnung in mir will ich wahrnehmen und mit-teilen können, mit anderen Menschen teilen, sie Anteil haben lassen an der mir gegebenen, geschenkten, ins Bewusstsein gerückten Hoffnung.

Damit dies geschehen kann, bedarf sie der Aufmerksamkeit. Sie steht nicht unbedingt tagtäglich vor Augen, sie verbirgt sich schnell im Getriebe des Alltags, in den Sorgen um Menschen, die mir ans Herz gegeben sind, im medialen Rausch unnötigster Desinformationen. Sie ist ein »scheues Reh«, dämmerungsaffin, am besten in den Übergängen erkennbar, im Wechsel der Tagzeiten, frühmorgens und -abends. Wer meint, sie greifen, fassen und einhegen zu können, wird sie klein und verkümmert finden. Sie wird stärker, größer, heller, wenn sie sein darf, wenn ich sie anschaue in ihrer engelsgleichen Schönheit. Dann wirkt sie anmutig, kommt herbei, spielt und singt sich als Gottesgabe hinein in mein Leben.

Wenn ich der Hoffnung Raum geben möchte in meinem Leben, heißt das, dass es von großer Bedeutung ist, dass ich selbstsorglich mein Leben dankbar wertschätze. Niemand wird als Seelsorger und Seelsorgerin fruchtbar nachhaltig wirken können, wenn er oder sie nicht permanent und intensiv die *Selbst*sorge übt. Und dabei bedenkt: »*Was nicht regelmäßig geschieht, wird in der Regel mäßig*« – ein Wort, das mir ein älterer Kollege in meinen Pfarrerlehrjahren deutlich ins Stammbuch geschrieben hat. Nur durch bewusstes Mich-um-mich-selbst-sorgen werde ich der Versuchung widerstehen können, jederzeit und für alle da zu sein. Nur so werde ich der Hybris widerstehen, noch einen Termin – und sei es auch ein vermeintlich noch so wichtiges Seelsorgegespräch – anzunehmen, obwohl ich weiß, dass ich mich dann wieder übermüdet in den nächsten Tag schleppen werde. Selbstsorge ist das Gegenteil von falscher Egozentrik und erhebt nicht den Anspruch, der göttlichen *gratia* in die Speichen zu fallen. Ich halte Selbstsorge für die geistlich gebotene menschliche Grundhaltung, die dem Gottesgeist den Spielraum eröffnet, den er braucht, um in einen kreativen Diskurs mit meiner Geistseele einzutreten. Verleugne ich diesen Spielraum – weil ich Selbstsorge für ungeistlich oder für unevangelisch-werkgerecht halte –, so werde ich früher oder später auch für die Menschen unglaubwürdig, denen ich seelsorglich von meiner Hoffnung Auskunft zu geben habe.

Wie ist es also um die Hoffnung bestellt? Für mich ist es die Haltung, die Gewissheit: In allen Dingen, in allen Ereignissen, in allem, was geschieht und geschehen mag, wirkt eine größere Weisheit und Potenz, die der Apostel den »*Geist der Kraft, der Liebe und der Besonnenheit*« (2Tim 1,7) genannt hat; von der der Evangelist Johannes als dem »*Geist der Wahrheit, [der] euch zum vollen Verständnis der Wahrheit führen*« wird (Joh 16,13) redet. Nicht *hinter* dem was geschieht, sondern *in* alledem. In dem Sinne, wie es

Niemand wird als Seelsorger und Seelsorgerin fruchtbar nachhaltig wirken können, wenn er oder sie nicht permanent und intensiv die Selbstsorge übt.

Foto: Rolf Gerlach

Leonhard Cohen in seinem Song »Anthem« gedichtet hat: »*There is a crack in everything – that's how the light gets in*« – der Riss, der Spalt in allen Dingen. So kommt (Hoffnungs-)Licht herein in diese Welt. Ich meine, es ist eben dieses Licht, das sich geistlich mit dem Christus Jesus identifizieren lässt, wenn er von sich sagt: »*Ich bin das Licht der Welt. Wer mir nachfolgt, wird nicht mehr in der Finsternis umherirren, sondern wird das Licht des Lebens haben.*« (Joh 8,12) Hoffnung ist – wenn ich ihr einen trinitarischen Topos zuweisen möchte – die Substanz des Heiligen Geistes. Sie zieht mich nach vorne, »*ins Offene*« (*Friedrich Hölderlin, Der Gang aufs Land*), ins Gewiss-Gute, in die heilsame Gegenwart der Präsenz Gottes. Wie sollte ich so nicht voller Hoffnung sein können und dürfen? Mit der Hoffnung als Scheinwerfer lässt sich seelsorglich ein Weg aus den Finsternissen dieser Weltzeit finden.

Wegmarken

Virginia Woolf zitiert in ihrem Essay: »*Wie sollte man ein Buch lesen?*« ein Gedicht von *William Wordsworth*:

> »*Ob wir jung sind oder alt,*
> *Unser Schicksal, unser Wesen, unsere Heimat*
> *Ist die Unendlichkeit, und auch nur dort*
> *Ist Hoffnung, Hoffnung, die nie sterben kann,*
> *Mühe und Erwartung und Verlangen*
> *Und etwas immerfort Werdendes.*«[1]

---

[1]   *Virginia Woolf*, Wie sollte man ein Buch lesen?, Zürich 2022, 42.

Damit sind Hinweise und Impulse gegeben, Hoffnungsthemen zu suchen und zu beschreiben, eine Art Landkarte zu zeichnen, auf der Seelsorgerinnen und Seelsorger die Stellen markieren mögen, die ihnen hilfreich sein können. Die Hoffnungsspur, die hier gelegt ist, hat ihre Dynamik im Gewahrwerden der Notwendigkeit des Überschreitens. »*Bleiben ist nirgends*«[2] meinte *Rainer Maria Rilke* – und hatte nicht nur seelsorglich Recht. Ich möchte dabei die Landkarte der Hoffnung durch einige Aspekte konturieren, die sich in der neutestamentlichen Briefliteratur finden. Nicht zufällig dort: *Sind die Briefe doch ermutigende, Hoffnung stiftende Diskursangebote der Apostel, quasi komprimierte Seelsorgeprotokolle.*

Sind die Briefe doch ermutigende, Hoffnung stiftende Diskursangebote der Apostel, quasi komprimierte Seelsorgeprotokolle.

Um aus der Weltenfinsternis ins Helle zu kommen, steht zu Beginn eine Bitte: »[Der Geist der Weisheit] *öffne euch die Augen des Herzens, damit ihr erkennt, was für eine Hoffnung Gott euch gegeben hat, als er euch berief.*« (Eph 1,18) Ich erinnere mich des Soldaten, der mir müde gegenübersitzt, die Augen nur halb geöffnet, weil seine Lider zu schwer geworden sind. Er hat zu viel gesehen in Bosnien und im Kosovo, später dann auch noch in Afghanistan. Nicht nur seine Seele ist dunkelschwer, es ist leiblich in seinem Antlitz erkennbar, dass das Leid und Elend, das, was nicht hätte geschehen dürfen, seinen Augen jedes Leuchten geraubt hat. Wie durch einen Schleier sucht er mühsam nach meinen Augen, wartend, bittend, ob sich ein Wort, eine Geste, ein Licht finden lässt. Ich erinnere mich an das Apostelwort und beginne von der Hoffnung zu reden, die für mich Gewissheit wurde: Es muss nichts bleiben, wie es ist. Leise, vorsichtig öffnet er ein wenig die Augen, die Lider heben sich. Unsere Augen treffen sich jetzt, und damit beginnt ein Erkenntnisprozess, der, vom Herzen ausgehend, langsam im ganzen Leib Gestalt annimmt. Es ist, als ob ihn die Hoffnungskraft energetisierend, aufrichtend und erleuchtend durchflutet.

Die Lichtmetaphorik dient *Paulus* am Ende des 1. Thessalonicherbriefes zur Verdeutlichung seines Seelsorgeimpulses: »*Ihr aber, Geschwister, lebt nicht in der Finsternis!*« (1Thess 5,4). So einleuchtend die Aufforderung ist – die lebensfeindlichen Mächte in verschiedensten Gestalten bedrängen die Kinder Gottes und setzen sie den beiden großen Gefahrenbereichen des Lebens aus: Weltflucht oder Weltverfallenheit. Um beiden Sogrichtungen des Bösen widerstehen zu können, braucht es die geistliche Waffenrüstung. Was martialisch klingt ist sachgemäß: Nur mit einer frommen Absicht und gutem Willen ist dem Übel nicht bei-

---

[2]   *Rainer Maria Rilke*, Duineser Elegien, Frankfurt am Main ⁴1980, 12.

zukommen. Es bedarf der schon hier vom Apostel ins Wort ge-
brachten Trias von Glaube, Liebe und Hoffnung. Während die
ersten beiden die Herz-Lebensmitte wie ein Brustpanzer schüt-
zen, bedarf das Haupt des »*Helms der Hoffnung*« (1Thess 5,8). Das
starke Bild offenbart: Hier geht es um die Zukunft des Lebens.
Wenn das Denken nicht durch Hoffnung gestärkt und geschützt
wird, verfällt der Verstand und die Vernunft bleibt auf der Stre-
cke. Dem Denken ohne Hoffnung droht immer die Gottlosigkeit –
nur ein durchchristetes Denken, das perspektivisch die Ewig-
keit umfasst und nicht dem Todesprozess erkalteter Gedanken
verfallen ist, hat Zukunft. Und was im Allgemeinen gilt, hat in
der Seelsorge seine besondere Bedeutung. Im Bild gesprochen:
Ein Gespräch kann die Aufgabe haben, dem fragenden oder be-
dürftigen Menschen dabei zu helfen, den Hoffnungshelm auf-
zusetzen, damit sein Denken stärker, widerstandsfähiger, eben:
hoffnungsvoller wird.

> *Wenn das Denken nicht durch Hoffnung gestärkt und geschützt wird, verfällt der Verstand und die Vernunft bleibt auf der Strecke.*

Gleich zu Beginn des 1. Timotheusbriefes heißt es: »*Ich
schreibe dir als Apostel, der seinen Dienst im Auftrag von Gott, unserem Retter, und von Jesus Christus, unserer Hoffnung, ausübt.*«
(1Tim 1,1) Also: Jesus Christus = unsere Hoffnung. Wie ist diese
Identifikation fruchtbar ins Gespräch zu bringen, nicht dema-
gogisch, nicht simplifizierend, sondern auf-schluss-reich, also
erkenntnisfördernd oder gar aufklärerisch? Ich lege zunächst
den alten griechischen *Pandora-Mythos* daneben. Vielfältig und
mitunter dunkel sind seine Wurzeln. Nach der populärstes Ver-
sion gibt Zeus die Erschaffung einer weiblichen Schönheit in
Auftrag, um sich an Prometheus für dessen Raub des Feuers zu
rächen. *Pandora* verführt Epimetheus, den Bruder des Räubers.
Obwohl Prometheus seinen Bruder, den »Hinterherdenkenden«
warnt, verfällt er ihr – und sie, die »Allgeberin«, öffnet ihre
sprichwörtliche Büchse, die alle Übel der Welt, aber auch die
Hoffnung enthält. Während vielzählige Übel nun die Welt heim-
suchen, verschließt die Schöne ihr Gefäß mit der nunmehr ge-
fangenen Hoffnung.

Wenn ich den Mythos als Wahrheit begreife, singt er laut die
Klage der alten Welt, dass ihr das »Wesen« fehlt, das eine lebens-
werte Zukunft mit sich bringt. Wenn nach dem irdischen Tod nur
das Schattensein im Hades zu erwarten ist, und sich vorher Leid,
Krieg und Elend die Hände reichen: Was ist dieses menschliche
Leben dann anderes als das Warten auf einen Büchsenöffner, der
der Hoffnung freien Lauf lässt?

Die Messiashoffnung des Ersten Testaments spiegelt diese Haltung nun erstaunlich exakt und lässt sich mit der griechischen
Mythologie weiterführend ins Gespräch bringen: Wer bringt die

Hoffnung, wer die Perspektive über das Irdisch-vergängliche hinaus in die todgeweihte Welt? Wer bricht auf, was trostlos scheint und im Ewiggrau zu verelenden droht? Die *biblische* Antwort ist die Proklamation der umfassenden Hoffnung in Person: Jesus Christus IST die Hoffnung. Leibhaftig verkörpert und im Glauben an den Auferstandenen grenzenlos, todüberwindend. In einer postchristlichen, neopaganen Welt, die sich mit Angst- und Schreckensszenarien permanent überfüttert und vom Büchsen-inhalt aus purer Panik nicht genug zu bekommen scheint, die in immer kürzeren Zyklen Phobien pandemischen Ausmaßes ausschüttet: In diese Welt hinein kann die Botschaft vom Jesus Christus als der personifizierten Hoffnung das Licht sein, das die Potenz hat, jegliche Seelenfinsternis zu überwinden. Wenn ich dieses Potential in einem Seelsorgegespräch ins Wort bringe, er-lebe ich häufig, dass es hell wird. Als ob im Raum eine bisher ver-borgene Lampe zu leuchten beginnt. Langsam, dimmergesteuert. Denn sollte es zu schnell hell werden, blendet dies schmerzhaft, anstatt Orientierung zu geben. Oder anders: Es braucht das war-me, ruhige Hoffnungslicht, das ich auch optisch sichtbar mit einem Kerzenlicht unterstützen kann, das quasi auf Herzhöhe steht – und kein Neonlicht, das kalt von oben klinisch klar ein Zuviel wäre.

Damit ist die Tür geöffnet für die Hoffnungswegmarken, die sich am häufigsten mit dem Begriff der Hoffnung im Neuen Tes-tament verbinden, exemplarisch in Titus 3,7: »*Durch Gottes Gnade für gerecht erklärt, sind wir jetzt also – entsprechend der Hoffnung, die er uns gegeben hat – Erben des ewigen Lebens.*« Ich sehe in der seelsorglichen Begleitung (vielleicht sogar in jeder, wenigstens implizit) die Aufgabe, diese ungeheuerliche Zusage, diese Per-spektive, die jeden Zweifel ausräumen kann, ins Leben hier und jetzt hineinzusprechen, damit sie sich lebendig manifestieren, also verleiblichen kann. Musikalisch hat dies *Eugen Eckert* wun-derbar in seinem Lied: »*Da wohnt ein Sehnen tief in uns*« in der dritten und vierten Strophe ausgedrückt:

> »*Um Heilung, um Ganzsein, um Zukunft bitten wir.*
> *In Krankheit, im Tod, sei da, sei uns nahe Gott.*
> *Dass du, Gott, das Sehnen, den Durst stillst, bitten wir.*
> *Wir hoffen auf dich, sei da, sei uns nahe, Gott.*«

Die Übel der irdischen Welt, das Leid, die Krankheit, den Tod – das haben wir vor Augen und nicht nur dort. Die Büchse ist ausgekippt über die Menschenkinder. Aber das ist nicht alles. Die Sehnsucht ist da. Nach Heilung. Nach Ganzsein. Nach Zukunft.

Vor mir sitzt ein Soldat, der getötet hat in Erfüllung seines Auf-
trages – konsequent zu Ende gedacht: Im Auftrag der Politiker
und Politikerinnen, die im Bundestag für den Einsatz gestimmt
haben, die von der deutschen Bevölkerung gewählten Abgeord-
neten –, der in »unserem« Auftrag also getötet hat. Er sitzt da und
erzählt davon, dass er seit Jahren die Schuld nicht loswird, die
ihn quält, in Albträumen, in Schweißausbrüchen, in Zittern und
Zagen. Leiblich spürt er seit Jahren, dass ihm das Geschehene
die Zukunft verdunkelt. Kameraden von ihm haben sich das (irdische) Leben genommen, weil sie das Leben nicht mehr ertragen
konnten. Sie haben es zurückgegeben. Da war nur noch Seelenfinsternis.

Der Soldat hat einen Sohn, für ihn will er weiterleben. Er sucht
nach einem Weg, ob sich die Büchse nicht doch noch mal, auch für
ihn, gerade für ihn, öffnet. Und die Hoffnung entlässt, die den
Durst stillt, der ihm »*einen Hals macht*«, weil das Leben nicht mehr
durch den Hals fließen mag, die Kehle wie zugeschnürt ist und
ihm die Luft zum Atmen fehlt.

Paulus ringt in Römer 8,18–39 genau um dies: Wie nimmt die in
Jesus Christus inkarnierte, verkörperlichte Hoffnung *in mir* Gestalt an? Denn wir »*sehnen uns nach der Kindschaft, der Erlösung
unseres Leibes.*«[3] In der Begleitung versuche ich manchmal, den
Weg über den Leib zu gehen, nicht über die Kognitionen. Solange
die Hoffnungslosigkeit den Atem so massiv stocken lässt, dass
die besten Worte nicht das Herz erreichen können, braucht es
andere Wege. Ich denke, dass so manche Heilungsgeschichten der
Evangelien, die z. T. bis heute unter dem Verdikt »Wunder« – also
gleichbedeutend mit: »*Gab es nicht wirklich*« – stehen, hoffnungs-
theologisch immer wieder neu übersetzt, vergegenwärtigt und
verleiblicht werden können.

»*Unsere Errettung schließt ja diese Hoffnung mit ein. Nun ist aber
eine Hoffnung, die sich bereits erfüllt hat, keine Hoffnung mehr.
Denn warum sollte man auf etwas hoffen, was man schon verwirklicht sieht? Da wir also das, worauf wir hoffen, noch nicht sehen,
warten wir unbeirrbar, bis es sich erfüllt.*« (Röm 8,24f) So ist es.
Und wenn die Hoffnung für den Menschen, den wir begleiten,
noch unter seiner Bewusstseinsschwelle liegt, so sagen wir
ihm, dass wir für ihn mithoffen.

> *Und wenn die Hoffnung für den Menschen, den wir begleiten, noch unter seiner Bewusstseins-schwelle liegt, so sagen wir ihm, dass wir für ihn mithoffen.*

---

[3] Röm 8,23 nach der revidierten Lutherübersetzung 2017; alle anderen Bibelstellen nach
der Neuen Genfer Übersetzung 2011.

Ich erinnere mich an eine Situation, als ich 2014 in Kabul als Militärpfarrer die deutschen Soldaten und Soldatinnen begleitet habe und wir jeden Sonntag im Camp einen Gottesdienst feierten. Nach einer Woche, in der besonders viele belastende Dinge passiert waren, sagte ein Soldat zu mir: »*Gottesdienst ist nicht so mein Ding, ich kann das nicht. Aber wenn sie für mich beten würden, wäre ich ihnen sehr dankbar.*«

Zwei kleine Vignetten zum Ende:
Hoffnung macht frei: »*Weil wir nun also eine so große Hoffnung haben, treten wir frei und unerschrocken auf.*« (2Kor 3,12) Hoffnung kann eine enorme Wirkkraft entfalten. Die Hoffnung der Israeliten, durch Mose in das »*gelobte Land*« geführt zu werden, hat sie zu freien Menschen werden lassen, unerschrocken, mutig. Das griechische Wort *Parrhesia*, das Paulus hier verwendet, meint so viel wie: »*Frei-sprechen und Wahr-sagen*«. Menschen, die von Hoffnung erfüllt sind, müssen sich nicht verstecken, sie reden nicht um den heißen Brei herum, sondern gehen erhobenen Hauptes durch die Welt und können mit allen Menschen auf Augenhöhe reden. Oder biblisch: Sie wissen, dass sie Gottes geliebte Kinder sind, denen niemand, nicht im Leben und nicht im Tod, etwas anhaben kann. Und das sagen sie auch weiter.

Hoffnung macht froh: »*Darum ist es mein Wunsch, dass Gott, die Quelle aller Hoffnung, euch in eurem Glauben volle Freude und vollen Frieden schenkt, damit eure Hoffnung durch die Kraft des Heiligen Geistes immer unerschütterlicher wird.*« (Röm 15,13) Hoffnung ist nicht emotionsneutral. Oft habe ich im Wachsen der Hoffnung eine parallel wachsende freudige Gestimmtheit bei den Menschen wahrgenommen, die ich so gern begleitet habe. Beides befruchtet sich gegenseitig, es gibt keine freudlose Hoffnung und keine hoffnungslose Freude. Sie sind Geschwister, fast Zwillinge. Im Bild: Sie gehen Hand in Hand in eine hellere, wahrhaftigere Zukunft, so dass am Ende der Wunsch bleibt: »*Freut euch über die Hoffnung, die ihr habt.*« (Röm 12,12)

Thomas Thiel, geb. 1963, leitet das Evangelische Militärpfarramt Berlin II am Bundeswehrkrankenhaus Berlin. Er war Pfarrer in württembergischen Gemeinden, ist Traumapädagoge, Geistlicher Begleiter und Exerzitienleiter.

Frieden.
Von einem vulnerablen Wort in vulnerablen Zeiten

von Patrick Fries

Sprechen wir also über vulnerable Wörter. Über Wörter, die aus der Zeit gefallen oder gestoßen scheinen, und die doch gerade so zu Seismografen dieser Zeit, genauer: der Verletzlichkeit dieser Zeit werden. Über Wörter, die sich den Realitäten stellen, von ihnen eingeholt, überrundet, oft diskreditiert werden, manchmal an ihnen scheitern: Zumeist sind es »[a]lte Wörter. Scheinbar verbrauchte Wörter. Ehrbarkeit zum Beispiel und Niedertracht, Bruderliebe und Eigensinn, Glückseligkeit und Sanftmut«.[1] Wörter, die mühsam Erreichtes, Geschenktes, Flüchtiges beschreiben, die längst so zerbrechlich sind wie das, was sie bezeichnen, die vor allzu leichtfertigem Gebrauch geschützt werden müssen, für die sich Lautsprecher, Gebrüll und grelle Plakatierung nicht geziemen, die oft fast nur geflüstert werden dürfen, die nur verschämt, mit sofortiger Entschuldigung ausgesprochen werden können. Liebe gehört sicherlich in diese Reihe. Freundschaft. Freiheit. Geschwisterlichkeit. Und, wie wir neuerdings wieder bezeugen müssen, Frieden. Was für all jene »alten Wörter« gilt, mag wohl auch für dieses eine zutreffen. Sprechen wir also, der Einfachheit halber, dem Anlass angemessen, über dies eine, alte, scheinbar verbrauchte, vulnerable Wort.

Vulnerabel heißt zum einen strittig. Klärungsbedürftig. »Wir werden übermannt von großen Reden, Polemiken, dem Ansturm des Virtuellen, die heute eine Art undurchsichtiges Feld schaffen«[2], meint Paul Ricœur. Ähnlich undurchsichtig geht es wohl bei vulnerablen Wörtern zu, zumal dann, wenn sie Unterschiedliches meinen und dadurch Unterschiedliches auslösen können. Daher sind sie strittig. Also klärungsbedürftig. Ich biete hier mein Verständnis von »Frieden« als christlicher Theologe als Grundlage der folgenden Gedanken an, andere mögen es anders sehen und beschreiben: Für mich ist »Frieden« mehr als Abwesenheit von Krieg und Gewalt, er ist der »Normalzustand«, den Gott für diese Welt vorsieht. Die Bibel spricht etwa von »Schalom«, dem Zustand der Ganzheit und Unversehrtheit von

Für mich ist »Frieden« mehr als Abwesenheit von Krieg und Gewalt, er ist der »Normalzustand«, den Gott für diese Welt vorsieht.

---

[1] *Riess, Richard*: »Freundschaft – Ferment des Lebens«, in: *Ders.* (Hg.): Freundschaft, Darmstadt ²2015, 9–18, 9.

[2] Zitiert nach *Sagert, Dietrich*: Versteckt. Homiletische Miniaturen, Leipzig 2016, 15.

allem und von allen. Die Propheten des Alten Testaments bezeugen diesen Zustand als Gottes Willen für sein Volk Israel (und im Letzten für die ganze Schöpfung): »Denn ich weiß wohl, was ich für Gedanken über euch habe, spricht der HERR: Gedanken des Friedens und nicht des Leides, dass ich euch gebe Zukunft und Hoffnung« (Jer 29,11). Jesus, den die Christenheit als Gottes Sohn bekennt, preist in der Bergpredigt jene selig, »die Frieden stiften; denn sie werden Gottes Kinder heißen« (Mt 5,9). »Frieden« ist so verstanden ein »gottgewollter«, aber längst nicht immer »gottgegebener« Zustand, er bedarf offenkundig der unausgesetzten Bemühung und des aktiven Handelns, welches in Tautologie zur »Gotteskindschaft« steht. »Frieden« kann und muss »gestiftet«, immer wieder intersubjektiv zur Realität gemacht, mit- und füreinander als Lebensweise ins Werk gesetzt werden.

»Frieden« bzw. »Frieden stiften« ist somit konstitutiver Teil christlichen Glaubens und daraus erwachsender Theologie. Er ist dies auch so, dass er »uns dazu verführt und befähigt, uns dem Hier und Heute unter den je und je gegebenen Umständen ungeteilt zuzuwenden«[3]. Das vulnerable Wort »Frieden« meint also mehr als Waffenstillstand, mehr als »Friede, Freude, Eierkuchen«, anderes als unter den Teppich gekehrte, »eingefrorene« Konflikte: Seit je ist Gerechtigkeit (zedaqah) mit Frieden (schalom) verknüpft, ist in Wahrheit die Bedingung seiner Möglichkeit: »Und der Gerechtigkeit Frucht wird Friede sein« (Jes 32, 17). Auch in der notwendigen Verbindung von »zedaqah« und »schalom« sind unausgesetztes Bemühen und aktives Handeln gefragt: Nur dort, wo Gerechtigkeit für alle realisiert wird, wo kein Teil der Schöpfung benachteiligt oder übervorteilt wird, kann Frieden sein. Keine oktroyierte pax romana, kein erzwungener Stillstand, der in neue Waffengänge mündet, kein Ende alter, kein Vorabend neuer »gerechter Kriege« (»bellum iustum«), wie sie noch Augustinus oder Thomas von Aquin bis ins Mittelalter hinein lehren konnten, keine künstliche, bleischwere Grabesruhe. Die erste ökumenische Weltversammlung in Amsterdam 1948 war bemerkenswert deutlich: »Krieg soll nach Gottes Willen nicht sein«.

Vulnerabel heißt wohl auch stärkungsbedürftig.

Vulnerabel heißt wohl auch stärkungsbedürftig. Schon auf der begrifflichen Ebene: Auch im gottgewollten Zustand des »Schalom« ist mit dem Gebrauch menschlicher Freiheit zu rechnen und somit auch mit mannigfaltigen Möglichkeiten ihres Missbrauchs. Die Erfahrungen vermeintlich »gerechter Kriege« und tatsächlicher Kriegsverbrechen und Verbrechen gegen die

---

[3] *Engemann, Wilfried*: Aneignung der Freiheit. Essays zur christlichen Lebenskunst. Stuttgart 2007, 124.

Foto: Rolf Gerlach

Menschlichkeit, deren missbräuchliche und damit unstatthafte Rechtfertigung als Teil eines vorgeblichen »bellum iustum«, alles Furchtbare, das Menschen sich im 20. Jahrhundert global und regional zufügen konnten, machten klar, wie leicht jenes alte, scheinbar verbrauchte Wort verletzbar sein konnte. Dies nötigte zum Umdenken. Um mit eigener Freiheit und der anderer zu rechnen und vielfachem Missbrauch zu wehren, bedarf »Frieden« nicht nur, aber auch semantisch effizienter Begleitung und somit eines Paradigmenwechsels in christlicher (Friedens-)Ethik. Dieser Paradigmenwechsel schien in der Tat zu glücken: vom Konzept des »gerechten Krieges« hin zu einem heutigen »gerechten Frieden«, wobei beide Denkweisen sich nicht unbedingt widersprechen, sondern sich auf zumindest analoge Kriterien stützen können. Ein »gerechter Friede« (wie ihn etwa die maßgebliche friedensethische EKD-Denkschrift von 2007 konzipiert) ist dazu angetan, »menschlicher Existenzerhaltung und Existenzentfaltung« zu dienen. Diese Bestimmung wird anhand von vier »Dimensionen« näher expliziert: Frieden soll »Schutz vor Gewalt«, »Förderung der Freiheit«, »Abbau von Not« und die »Anerkennung kultureller Vielfalt« schaffen und befördern. Diese Konzeption sucht die schon in den Prophetenbüchern des Alten Testaments postulierte Gründung des Friedens auf einen (differenziert gefassten) Gerechtigkeitsbegriff in heutigen Kontexten zu realisieren. Insofern dies gelingt, wird das weiterhin vulnerable Wort nicht nur semantisch gestärkt: Es schließt (mit einem klaren Rückbezug auf das Völkerrecht) das Recht zur Selbstverteidigung als Notwehr oder Nothilfe ein. Zu dessen »Absicherung« treten an die Stelle der Argumentationsfigur eines »gerechten Krieges« (wie bereits angedeutet: vergleichbare) »Kriterien einer Ethik rechtserhaltender Gewalt«[4], die auf einen Frieden ohne Krieg hinarbeiten. Orte wie Verdun, Coventry, Babi Jar, Hiroshima oder Srebrenica sollten nur noch als mahnende Zeugnisse für ein stetes »Nie wieder«, aber niemals mehr als Blaupause einer Politik taugen, die Krieg als legales und legitimes Mittel ihrer Praxis einschließt.

Wie vulnerabel das Wort »Frieden« aber tatsächlich ist, ist gegenwärtig wieder täglich mit voller medialer Wucht wahrzunehmen – und uns so nahe wie seit 30 Jahren nicht mehr. Aus der Zeit gefallen oder gestoßen und doch längst ein Seismograph dieser Zeit, von Realitäten im Stundentakt eingeholt, überrundet, diskreditiert: Russlands kriegerischer Angriff auf die Ukraine, mitten in Europa, wird längst allenthalben als »Zeitenwende« benannt und gedeutet, durchaus dazu geeignet, neben Corona-Pandemie und der stets präsenten Klimaproblematik auf längere Frist die Parameter einer globalen »neuen Normalität« zu setzen, der sich nunmehr auch Denken und Glauben gegenüber sehen. Was Jione Havea über Covid zu sagen weiß, ist wohl auch mutatis mutandis auf jene andere »Zeitenwende« übertragbar: »Covid has infected what we do, how we do them and with whom. It has pushed us to work, worship, play and think differently, and even to construct and use new terms and concepts«[5]. Alte, scheinbar verbrauchte, verletzliche Wörter dürften es unter diesen Umständen noch schwerer haben als ohnehin. Schon im Alten Testament gewärtigte man ähnliche Erfahrungen: »Wir hofften, es sollte Friede werden, aber es kommt nichts Gutes; wir hofften, wir sollten heil werden, aber siehe, es ist Schrecken da« (Jer 8, 15). Alles Mühen um »gerechten Frieden« scheint von nun an obsolet, die »gute altmodische brutale Gewalt«[6] kehrt wieder als denk- und machbare Ausdrucksform europäischer Politik, das Recht des Stärkeren ersetzt unverblümt einmal mehr die Stärke des Rechts.

---

[4] Vgl. insgesamt *Rat der EKD* (Hg.): Aus Gottes Frieden leben – für gerechten Frieden sorgen. Eine Denkschrift, Gütersloh [2]2007, 53–69, ebenso *Härle, Wilfried*: Ethik, Berlin/Boston [2]2018, 381–400.
[5] Havea, Jione: »Preface«, in: *Ders.* (Hg.): Doing Theology in the New Normal. Global Perspectives, London 2021, XVf, XV.
[6] *Wegner, Gerhard*: Transzendentaler Vertrauensvorschuss. Sozialethik im Entstehen, Leipzig 2019, 296.

Vulnerabel werden so plötzlich *viele* Worte, Herrschende setzen nach Gutdünken und eigener Interessenlage die Regeln für ihren Gebrauch. Schon bloßes Aussprechen wird nach Bedarf zum Straftatbestand: Krieg darf fortan nicht mehr Krieg heißen. Aggression wird nunmehr als »Befreiung« buchstabiert. Demokratisch gewählte Regierungen werden zu »Nazis« erklärt – gleichsam ein erster, erschreckend aktueller Gruß aus George Orwells »1984«.[7] Weiteres wird noch zu erwähnen sein: »Krieg ist Frieden! Freiheit ist Sklaverei! Unwissenheit ist Stärke!«

Und nicht nur die Worte, erst recht nicht nur die von mühsam Erreichtem, Geschenktem, Flüchtigem selbst sind vulnerabel. Vulnerabel sind auch jene, die solche Worte nicht leichtfertig verabschieden wollen, die zu ihrem Sinn, ihrem Prägewert stehen (und sei es in Opposition) und daran festhalten wollen. Vulnerabel sind folglich auch die gedanklichen Positionen, die je dieses Prägewerts bedürfen.

Auf allen Seiten: vom Einsatz, »jetzt erst recht«, für ein Ende allen Tötens und Zerstörens bis zum überzeugten, womöglich philosophisch bzw. religiös unterfütterten Eintritt für ein undifferenziertes Recht des Stärkeren, von Ostermärschen bis zur Querdenkerdemo, vom leidenschaftlichen Gebet für Frieden bis zur völligen Identifikation einer Kirche mit der Sache eines kriegstreiberischen Staates, bis hin zur völligen Abhängigkeit von diesem[8] – »Gerechtigkeit und Friede und Freude in dem heiligen Geist« (Röm 14, 17) mag man sich gerne für später aufsparen oder für das Reich Gottes, hier und jetzt steht nicht weniger an als ein Kampf zwischen Gut und Böse mit klar verteilten Rollen und einem ebenso klaren Ende. Auch wird jede Chance unterbunden, sich auf ein einst für nobel erachtetes Konzept wie »Neutralität« berufen zu können. Dieses scheint längst nicht mehr nur verletzlich, sondern angesichts verstörender, vor Gewalt und Leid triefender Bilder nicht länger sagbar. Selbst im Vokabular eher als Friedensbewegte bekannter oder vom Parteibuch einschätzbarer Menschen finden sich mit atemberaubender Geschwindigkeit Begriffe wie »Wehrhaftigkeit« oder »sicherheitspolitische Verantwortung«.

Vulnerabel sind auch jene, die für sich Neutralität im Sinne denkerischer Offenheit reklamieren wollen und sich längst in hilfloses Schweigen zurückgezogen haben, da ihre Prägewerte zwi-

---

[7] Vgl. hierzu und im Folgenden *Orwell, George*: 1984. Übersetzt von Michael Wolter, Frankfurt a. M. 1994.

[8] Vgl. hierzu sehr aktuell *Freeze, Gregory L.*: »Von der Entkirchlichung zur Laisierung. Staat, Kirche und Gläubige in Russland«, in: *Friedrich Wilhelm Graf/Heinrich Meier* (Hg.): Politik und Religion. Zur Diagnose der Gegenwart, München ²2017, 79–120.

schen allen Stühlen liegen. Vulnerabel, oder eher schon auf Dauer verletzt und kontaminiert ist der geschundene und geschändete, durch Zerstörung oder Verlust seiner kulturellen Identitäten beraubte Kriegsschauplatz. Vulnerabel sind alle moralischen Standards, alle wenn auch völkerrechtlich bestehende Verpflichtung zum menschlichen Umgang miteinander – nach der Wahrheit wohl das zweite Opfer eines jeden Krieges. Vulnerabel ist zudem die Solidarität für jene, die am Krieg leiden, vor ihm fliehen, an ihn Blutzoll entrichtet haben. Noch wird diese Solidarität fast überbordend übersetzt in Hilfsbereitschaft und Willkommenskultur. Noch nehmen die, die doch Worte finden und gegen Krieg und Gewalt Gesicht zeigen, in Kauf, im besten Fall verspottet zu werden, im schlimmsten Fall Freiheit oder Leben zu riskieren. Doch schon stellt sich manchen die Frage, wie lange sich Solidarität gegen die normative Kraft des Faktischen zu behaupten vermag. Oder gegen das allzu wirkmächtige »Das Leben geht weiter«.

Wie steht es aber um unsere eigene Vulnerabilität, wohl die am schwersten aussprechbare?

Wie steht es aber um unsere eigene Vulnerabilität, wohl die am schwersten aussprechbare? Was bedeutet uns das alte, scheinbar verbrauchte Wort »Frieden« und was nicht? Wozu treibt es, woran hindert es? Wie greift die »Zeitenwende«, die jenes Wort so sehr in Lebensgefahr bringt, nicht nur uns selbst an, sondern auch unser Denken und unseren Glauben? Sprechen wir also auch darüber. Der Einfachheit halber, dem Anlass angemessen, will ich mich hier auf die eigene Verletzlichkeit beziehen und sie mit einer Einladung zur Auseinandersetzung, zum Austausch verbinden. »Frieden« stellt sich in meiner Sicht auf christliche Theologie als »gottgewollte«, aber klar von Menschen unermüdlich aktiv und intersubjektiv zu »stiftende«, prinzipiell mit dem Schaffen und Bewahren von Gerechtigkeit verknüpfte Lebensweise dar,[9] die durch einen Angriffskrieg Gefahr läuft, an ein abruptes Ende zu kommen, von dem nur schwer zurückzufinden sein wird. »In meinen Träumen läutet es Sturm«, dichtet Mascha Kaléko. Längst ist die Sturmwarnung vor jenem aktuell gerade von Russland auf die Ukraine dreinschlagenden Wiedergänger auch im Rest Europas angekommen und hat mich, wie viele, zunächst sprachlos zurückgelassen. Auch weil mich vieles so erschreckend bekannt dünkt: Das zynische Kalkül der Macht, mit dem ein Angriffskrieg nicht nur vorangetrieben, sondern mit eigenem Sprachspiel orchestriert wird. Die dem Angriffskrieg zugrunde liegende, fast prämoderne Sicht auf eine in Interessenssphären aufzuteilende

---

[9]   Zur Verbindung von Gerechtigkeit und Frieden vgl. auch: *Huber, Wolfgang*: »Rechtsethik«, in: *Ders./Meireis, Torsten/Reuter, Hans-Richard* (Hg.): Handbuch der Evangelischen Ethik, München 2015, 125–193, 161 f.

Welt. Noch ein Gruß aus Orwells »1984«: Dort war sie in drei autoritäre Superstaaten Ozeanien, Eurasien und Ostasien aufgeteilt. Der Rest der Welt oszillierte zwischen diesen als ein permanentes Kriegsgebiet. Daraus ergibt sich die Auffassung von Ländern unterschiedlicher, bei einigen untergeordneter oder gänzlich aberkannter Souveränität. Diesmal lässt Orwells »Animal Farm« grüßen: »Einige sind (un)gleicher als andere«. Die Gefahr von Massenvernichtungswaffen aller Art, die sich wirksam in Erinnerung bringen und deren Wirkradien sich einen Kehricht um völkerrechtlich bindende Grenzen scheren oder darum, welche Wahnsinnigen oder Zynischen gerade an den sie auslösenden Knöpfen spielen. Die Erfahrung früherer »kalter«, vermeintlich »gerechter Kriege« macht dabei übrigens keineswegs gelassener. Auch dieser Krieg macht, wie wohl alle zuvor und danach, sprachlos und legt unsere eigene Verletzlichkeit ebenso erbarmungslos frei wie die von so mühsam Errichtem, Geschenktem, Flüchtigem wie eben »Frieden«.

Bei dieser Sprachlosigkeit darf es nicht bleiben. Mit Blick auf die eigene (auch bleibende) Vulnerabilität, derer niemand sich schämen muss, will ich eine widerständige christliche »Lebenskunst« als »Handwerk der Freiheit«[10] dagegen setzen. Teil jener Lebenskunst ist für mich, mit dem Gebrauch eigener menschlicher Freiheit und der anderer ebenso zu rechnen wie mit ihrem vielfachen Missbrauch, etwa durch Krieg, Gewalt, dem Recht des Stärkeren anstelle der Stärke des Rechts. Diesem Missbrauch, auch dies ist Teil der Lebenskunst, ist widerständig zu begegnen, nicht nur im Denken, sondern auch in Wort und Tat. Frieden, so lehrt mich die Bergpredigt, will untereinander »gestiftet« sein, will (so denke ich weiter) mit Anmut, Sorgfalt und Mühe geschaffen und befördert, behütet und als »gerechter Frieden« auch in Notwehr und Nothilfe verteidigt sein. Mag mir der Gedanke als noch immer überzeugtem Kriegsdienstverweigerer auch schwerfallen: Über eine bequeme, theoretische Erörterung all dessen sind wir angesichts von Gewalt und Schrecken längst hinaus, und über die zu Gebote stehenden Wege jener Verteidigung muss offen zu sprechen sein, von »sozialer Verteidigung« zu Mitteln »rechtserhaltender Gewalt«. Bei allem, was widerständige christliche »Lebenskunst« als »Handwerk der Freiheit« auch zum »Frieden stiften« beitragen kann, geht es um mehr als nur die Rettung alter, scheinbar verbrauchter, vulnerabler Wörter, es geht um nichts weniger als jenen »Normalzustand«, den Gott für diese Welt vor-

Bei dieser Sprachlosigkeit darf es nicht bleiben.

[...] widerständige christliche »Lebenskunst« als »Handwerk der Freiheit« [...].

---

10 *Engemann, Wolfgang*, Aneignung der Freiheit, 10. Die ebenfalls aufgeworfenen Fragen zu Denken und Glauben werden an anderer Stelle zu verhandeln sein.

sieht. Für die Alternative dazu, für ein gänzliches Sich-Abfinden mit dem Recht des Stärkeren und dem Versinken in »guter altmodischer brutaler Gewalt« sei wieder George Orwells »1984« bemüht, genauer ein Satz des Mitarbeiters im Liebesministerium und Folterers O'Brien: »Wenn Sie ein Bild von der Zukunft haben wollen, stellen Sie sich einen Stiefel vor, der auf ein menschliches Gesicht tritt, unaufhörlich!« Diese wohl wieder näher liegende Aussicht würde wohl in die letzte, ultimative, tödliche Verletzung nicht nur des vulnerablen Wortes »Frieden«, sondern aller vulnerablen Wörter münden, und nicht zuletzt derer, die sich sprechend um sie bemühen. Jene »Zeitenwende« kann uns in der Tat sprachlos machen, sprachlos bleiben dürfen wir nicht. Sprechen wir also über uns und vulnerable Wörter. Stehen wir zur eigenen Verletzlichkeit auch als Teil der *conditio humana*. Setzen wir uns zugleich gegen aktuelle wie künftig denkbare Stiefel in menschlichen Gesichtern zur Wehr. Üben wir uns in widerständiger christlicher Lebenskunst, im »Handwerk der Freiheit«. Retten wir dieses eine, alte, scheinbar verbrauchte, vulnerable Wort. Stiften wir Frieden. Wo immer wir es können.

Patrick Fries, M. A., geb. 1966, ordinierter lutherischer Theologe, Sprech- und Kulturwissenschaftler, freier Sprech- und Rhetoriktrainer, lebt in Markt Berolzheim/Mittelfranken.

Hoffnung – Quellen aus der Kirchengeschichte zum Thema

ausgewählt und kommentiert von Heiko Wulfert

Das Thema »Hoffnung« gehört zu den Kernthemen christlicher Theologie und Spiritualität. Eine Auswahl von Quellen aus der Kirchengeschichte zu diesem Thema sieht sich daher eher mit dem Problem des Auslassens als mit der Mühe des Auffindens befasst. Daher hier nur wenige Quellen aus den verschiedenen Epochen, die dennoch jeweils Typisches vermitteln:

Der »Gnostiker« ist für **Clemens Alexandrinus** (um 150 – um 215) der durch die Gaben des Geistes gereifte und fortgeschrittene Christ. Er betrachtet die Mühen und Herausforderungen des Lebens als Züchtigungen, die ihm zur Vervollkommnung dienen, wenn er sie in der Kraft der Hoffnung besteht, die auf die Wirkung der göttlichen Vorsehung vertraut. In seinen »Stromata«, den »Teppichen«, in denen er geistliche Lehren in buntem Muster aneinanderreiht, schreibt Clemens[1]:

> *Infolge dieser Dinge, wenn etwa eine Krankheit oder ein Unfall den Weisen (»Gnostikos«) betrifft oder sogar der Tod, der das schrecklichste aller Übel ist, bleibt er doch in seinem Herzen unerschrocken, weil er weiß, dass alle diese Dinge mit natürlicher Notwendigkeit eintreten, durch die Kraft Gottes aber werden sie zur Medizin des Heiles, damit sie durch die Züchtigung (»Paideia«) jene, die schwer umzuwandeln sind, wohltätig beeinflussen, damit die Vorsehung das wahrhaft Gute nach Verdienst ausbreite. Indem er die geschaffenen Dinge so gebraucht, auf welche Weise und wie oft der Logos sie ihm bestimmt, dankt er dem Schöpfer, der ihn zum Herrn über diese Dinge gemacht hat. Er bewahrt keine Erinnerung an erlittenes Unrecht und zürnt niemandem, wenn auch einer durch seine Taten den Hass verdient hätte. [...] Darum also erträgt er Mühen, Qualen und Leiden, nicht, wie die Starken unter den Philosophen, die hoffen, dass die gegenwärtigen Schmerzen tatsächlich aufhören, sondern weil er Teilhaber zukünftiger Freuden ist; sein Wissen gibt ihm die feste Überzeugung, er werde in Zukunft erhalten, was er erhofft. Darum verachtet er nicht nur, was hier der Strafe wert wäre, sondern auch alles, was als angenehm betrachtet wird.*

---

[1]   Stromata 7,11,61.62.63 – MSG 9,485 C (übers. HW).

Gregor von Nazianz (um 329–389/90) beschreibt in seiner Epis-
tel 223 an die christliche Jungfrau Thecla die Hoffnung als die
Medizin, die gegen den Schmerz hilft, den Weg, aus den Nöten des
Lebens auf die bleibende Hoffnung zu sehen[2]:

> *Darum gibt es für uns eine wohl bereitete Medizin, wenn uns ein
> Schmerz betrifft: Wir rufen uns Gott und das zukünftige Leben in
> den Sinn und machen es wie David, der in Bedrängnis geriet, sich
> aber nicht von ängstlichen Gedanken noch von einer Wolke der
> Traurigkeit bedrängen ließ, sondern umso mehr an der Hoffnung
> festhielt und den Blick auf die himmlische Seligkeit richtete, die
> denen einen sicheren Blick schenkt, die widrige Umstände mit Ge-
> duld ertragen. Wir werden uns vor allem von der Vernunft leiten
> lassen, damit wir die Bitterkeit der Dinge mit gelassenem Geist
> ertragen können; auch wenn wir vom Schmerz umgeben sind,
> erheben wir uns über das gemeine Volk und denken daran, was
> uns Gott versprochen hat, und welche Hoffnung uns vorgestellt
> ist, wenn wir an das rechte Denken (»Philosophia«) herantreten.*

Augustinus (354–430) vergleicht in einer seiner Predigten die
Hoffnung mit einem Ei, das die Zukunft enthält, sie aber noch
nicht zeigt. Seine Darstellung hält den intentionalen Charakter
der Hoffnung fest, die nicht zurückschaut, sondern sich auf eine
verheißene Zukunft ausrichtet[3]:

> *Es bleibt die Hoffnung, die, wie mir scheint, mit einem Ei ver-
> glichen werden kann. Denn die Hoffnung ist noch nicht zu ihrem
> Ziel gekommen; und das Ei ist [schon] etwas, aber es ist noch
> kein Huhn. Vierfüßige Tiere bringen Kinder hervor, die Vögel
> aber die Hoffnung auf Kinder. Die Hoffnung ermahnt uns daher,
> die Gegenwart zu verachten, die Zukunft zu erwarten, das
> Zurückliegende zu vergessen und sich mit dem Apostel nach dem
> auszustrecken, was vor uns liegt. [...] Nichts ist der Hoffnung
> so zuwider, als der Blick zurück, der die Hoffnung auf Dinge
> setzt, die vorübergehen und vergehen; aber auf die Dinge soll
> man hoffen, die noch nicht gegeben sind, aber einmal gegeben
> werden und niemals vergehen [...] Wie kann man auf etwas
> hoffen, das man sieht? (Röm. 8,24) Es ist ein Ei. Ein Ei ist es und
> noch kein Huhn. Es ist mit einer Kuppel bedeckt, man sieht es
> nicht, weil es bedeckt ist, mit Geduld wird es erwartet; es wird
> ausgebrütet, damit es leben kann. Merke auf, strecke dich nach
> vorn, vergiss das Vergangene. Was nämlich sichtbar ist, das ist
> zeitlich (2Kor. 4,18).*

---

[2] MSG 37,365 B (übers. HW).
[3] Sermo 105,5,7; MSL 38,621 (übers. HW).

In seinen Moralia will **Gregor der Große** (540–604) zu einem christlichen Leben anleiten. Die Geduld Hiobs zum Vorbild nehmend, spricht er von der christlichen Hoffnung, die dazu hilft, gegen alle Ängste und Trübsale, den scheinbar sicheren Hafen zu verlassen und vertrauensvoll die Fahrt des Lebens zu bestehen[4]:

> *Wir müssen daher bedenken, wie gefährlich es ist, nur die vergangenen Gaben zu sehen und an der Zukunft zu zweifeln, wenn wir in diesem Sturm der Trübsal durch die Verzweiflung Schiffbruch erleiden, als wären wir mit gewaltigen Seilen an die vergangenen Güter gebunden, während wir doch für den Hafen der Hoffnung bestimmt sind.*

In seiner Summa betrachtet **Thomas von Aquin** (1225–1274) natürlich auch in einem längeren Abschnitt die Hoffnung. Über die schon bei Plato genannten weltlichen Kardinaltugenden Besonnenheit, Tapferkeit, Weisheit und Gerechtigkeit hatte die mittelalterliche Tradition die christlichen Tugenden Glaube, Liebe und Hoffnung gestellt. So beginnt Thomas seine Betrachtung der Hoffnung mit der Frage, ob diese, die Hoffnung, eine Tugend sei[5]:

> *Ist die Hoffnung eine Tugend?*
>
> *1. »Tugend kann man nicht mißbrauchen«, sagt Augustinus (De libero arbitrio 2,18 u. 19; ML 32,1267 u. 32,1268). Doch dies ist bei der Hoffnung der Fall, denn bei der Hoffnung als Leidenschaft gibt es, wie bei den anderen Leidenschaften, eine »Mitte« und einander entgegengesetzte Extreme. Also ist die Hoffnung keine Tugend.*
>
> *2. Tugend ist nicht Frucht eigenen Verdienstes, denn Gott »bewirkt die Tugend in uns ohne uns«, wie Augustinus schreibt (Enarr. in Ps. 118, Sermo 26, sup.V. 121; ML 37,1577). Doch nach den Worten des Sentenzenmeisters (III Sent., dist. 26, c. 1; QR II, 670) geht die Hoffnung »aus Gnade und Verdienst« hervor. Also ist sie keine Tugend.*
>
> *3. Tugend bedeutet »Zustand eines Vollkommenen«, wie es im VII. Buch der Physik (c.3; 246a 13) heißt. Hoffnung aber besagt Zustand eines Unvollkommenen, er besitzt nämlich noch nicht, was er erhofft. Also ist Hoffnung keine Tugend.*
>
> *DAGEGEN schreibt Gregor in seiner Sittenlehre (1,27; ML 75,544), die drei Töchter des Job bezeichneten diese drei Tugenden: Glaube, Hoffnung, Liebe. Also ist Hoffnung eine Tugend.*

Wenn wir in diesem Sturm der Trübsal durch die Verzweiflung Schiffbruch erleiden, als wären wir mit gewaltigen Seilen an die vergangenen Güter gebunden, während wir doch für den Hafen der Hoffnung bestimmt sind.

---

[4] Moralia in Iob 26,20,36; MSL 76,370 B (übers. HW).
[5] *Josef F. Groner* (Übers.), Thomas von Aquin. Die Hoffnung – Theologische Summe II II, Fragen 17–22; Freiburg 1988, 15 ff.

ANTWORT. Nach Aristoteles (Ethik II, 6; 1106 a 15) »macht die Tugend den, der sie hat, sowie sein Handeln gut.« Wo sich nun ein gutes Tun des Menschen vorfindet, muss es einer menschlichen Tugend entsprechen. Von »gut« spricht man nur, wo etwas, das einer Norm oder einem Maßstab unterliegt, seiner vorgegebenen Norm entspricht, wie wir z. B. sagen, ein Kleidungsstück sei »gut«, wenn es das passende Maß weder über- noch unterschreitet. Das menschliche Tun jedoch unterliegt, wie oben (I–II 71,6) gesagt wurde, einem doppelten Maß: einem unmittelbaren und artgleichen, nämlich der Vernunft, sodann einem höchsten und alles überragenden, nämlich Gott. Und deshalb ist jedes menschliche Handeln gut, falls es die Höhe des Vernünftigen oder Gott selbst erreicht. Der Akt der Hoffnung nun, von dem hier die Rede ist, erreicht Gott. Das Objekt der Hoffnung besteht nämlich, wie oben, als es um die Hoffnung als Leidenschaft ging, gesagt wurde (I–II 40,1), in einem zukünftigen Gut, das nur auf beschwerlichem Weg erlangt werden kann [1]. Dies ist für uns auf zweifache Weise möglich. Einmal durch eigene Kraft, sodann mit Hilfe anderer (vgl. Ethik III, 13; 1112b27). Hoffen wir nun, daß uns etwas mit göttlicher Hilfe möglich ist, so erreicht unsere Hoffnung Gott selbst, auf dessen Hilfe sie sich stützt. Damit leuchtet ein, daß die Hoffnung eine Tugend ist, sie macht nämlich das Tun des Menschen gut und bringt es mit seiner Norm in Einklang.

Zu 1. Bei den Leidenschaften bedeutet Tugendmitte Übereinstimmung mit der rechten Vernunft, und darin besteht auch das Wesen der Tugend. In gleicher Weise spricht man bei der Hoffnung vom »Gut der Tugend«, wenn der Mensch durch sein Hoffen mit der richtigen Norm zur Übereinstimmung gelangt, und das heißt: mit Gott. Daher kann niemand die Hoffnung, die sich auf Gott gründet, zu etwas Schlechtem gebrauchen, so wenig wie die sittliche Tugend, die auf der Vernunft gründet, denn der gute Gebrauch der Tugend besteht ja eben in dieser Übereinstimmung. Freilich ist die Hoffnung, um die es hier geht, keine Gemütsbewegung, sondern ein geistiger Habitus, – doch darüber weiter unten (18,1).

Zu 2. Man sagt, die Hoffnung folge aus den Verdiensten im Hinblick auf die erwartete Sache, insofern jemand hofft, aufgrund von Gnade und Verdiensten die Seligkeit zu erlangen, oder im Hinblick auf den Akt der von der Gottesliebe durchformten Hoffnung. Der Habitus der Hoffnung selbst jedoch, kraft dessen jemand die Glückseligkeit erwartet, hat nicht in den Verdiensten seine Ursache, sondern ist reines Gnadengeschenk.

Zu 3. Wer hofft, ist zwar unvollkommen im Hinblick auf das, was er zu erlangen hofft, dieses besitzt er nämlich noch nicht, doch vollkommen ist er im Hinblick darauf, daß er mit der Norm seines Tuns in Verbindung steht, nämlich mit Gott, auf dessen Hilfe er vertraut.

Hoffen wir nun, daß uns etwas mit göttlicher Hilfe möglich ist, so erreicht unsere Hoffnung Gott selbst, auf dessen Hilfe sie sich stützt.

In seiner Adventspostille von 1522 spricht Martin Luther (1483–1546) vom Überfluss der Hoffnung, der aus dem Evangelium quillt. Sie ist Gabe des Heiligen Geistes und an die Verkündung des Evangeliums gebunden. Ohne das verkündete Wort kann es keine ihm folgende Hoffnung geben. Die Hoffnung ist so nicht Tugend, sondern Gabe[6]:

Darauß dan weytter folget ubirfluß der hoffnung, das ist: das die hoffnung ymer tzunympt. Datzu helffen auch die leyden und vorfolgungen, denn die hoffnung nympt nit der massen tzu, das die widderwerttickeytt werde abgelegt, ia, sie wirt gemehret, auff das die hoffnung nitt auff unßer macht sich vorlasse, ßondern bestehe durch krafft des heyligen geysts, wilche uns hilfft unnd die hoffnung sterckt, das wyr den unfall der wellt nicht fliehen noch furchten, ßondernn byß ynn den todt bestehen und alles boßes uberwinden, das es fur uns fliehen und ablassen mus, das heyst hoffnung, nitt yn menschlicher schwachheytt, ßonderrn ynn krafft des heyligen geysts, wilchs doch alles durch mittel des Euangelij muß geschehen [...] durch gedult und trost der schrifft haben wir hoffnung. Denn wo nit Euangelium ist, da ist widder hoffnung, trost, frid, freud, glawb, lieb, Christus, Gott, noch keyn guttis, wie wyr das fur augen sehen yn dem elenden geystlichen, geystloßen fleyschlichen stand, die doch viel beten und Meß halten, fur wilchen uns gott der hoffnung unnd der gedullt unnd des trosts gnediglich behute.

> *Denn wo nit Euangelium ist, da ist widder hoffnung, trost, frid, freud, glawb, lieb, Christus, Gott, noch keyn guttis.*

In den Schollen zu Jesaja (1532/4) erscheint die Hoffnung bei Luther dann doch stärker im Gewand einer Tugend, ist zumindest mit der Geduld verwandt, die das Erhoffte zuversichtlich erwartet[7]:

»Ich warte auf den Herrn«. Daran stoßen sich die Ungläubigen. [Gott] will, dass man auf Hilfe und Beistand warten, ihn aber nicht mit Händen greifen und sehen kann. Dagegen wollen die Gottlosen nicht glauben, sondern [die Hilfe] spüren. Darum verachten sie die Lehre des Glaubens und streben nach der Gewalt des Fleisches. So ist in diesen Worten »Ich warte auf den Herrn« die Fülle der ganzen christlichen Lehre enthalten, die nicht in sinnenhafter Erfahrung, sondern in der Erwartung liegt.

Petrus Canisius (1521–1597) greift in seinem Katechismus die Darstellung aus der Summa des Thomas auf und beschreibt die Hoffnung als eine Tugend, die gemeinsam mit anderen Tugenden geübt

---

[6] WA 10 I 2, 92,26–93,4.
[7] WA 25 119,11–15 (übers. HW).

und bewährt werden will. Der Katechismus-Aufbau als Frage und Antwort führt die Lehre für die Gemeindeglieder kleingliedrig aus[8]:

> *Was ist Hoffnung? – Sie ist eine Tugend, von Gott eingegossen, kraft welcher wir die Güter unseres Heiles und des ewigen Lebens von Gott mit gewisser Zuversicht erwarten.*
>
> *Es ist übrigens nicht genug, daß man an Gott und Gottes Wort glaube, und die göttlichen Glaubenslehren, die in der Kirche gepredigt werden, bekenne, sondern der Christ soll auch von der Güte Gottes, die er schon (so vielfältig) erfahren hat, Hoffnung fassen und Vertrauen, die Gnade und das ewige Heil zu erlangen. Diese Hoffnung stärkt den Gerechten in den größten Bedrängnissen so mächtig, daß, wenn er auch von aller Hilfe, von allem Schutze der Welt verlassen ist, er dennoch unerschrocken spricht: »Und wenn Er mich auch tödtet, so will ich auf Ihn hoffen«. [...]*

Erstens gehört dazu heißes und häufiges Gebet zu Gott.

> *Wie kann man diese Hoffnung erlangen? – Erstens gehört dazu heißes und häufiges Gebet zu Gott; hernach muß die Hoffnung genährt und erweckt werden durch die tägliche Betrachtung der Güte und Wohlthaten Gottes, besonders derjenigen, welche Christus der Herr, nach seiner unermeßlichen Liebe gegen uns, auch sogar den Unverdienten erzeiget und verheißen hat. Endlich muß man damit Reinigkeit des Gewissens verbinden, und diese durch fromme Werke und durch eine in Widerwärtigkeiten unbesiegte Geduld allzeit bewähren. Denn welchen das Zeugnis eines guten Gewissens oder der Vorsatz eines bessern Lebens mangelt, diese fördern nicht die Hoffnung, die sich geziemt, sondern vielmehr die Vermessenheit, und sie prahlen verwegen mit einem durchaus eiteln Vertrauen, so sehr sie sich auch der Verdienste Christi und der Gnade Gottes rühmen.*

In seinen »Pia Desideria«, der grundlegenden Reformschrift des Pietismus, beschreibt **Philipp Jacob Spener** (1635–1705) den Inhalt seiner Hoffnung. Dabei mischt sich sein Biblizismus mit der antikatholischen Grundhaltung der lutherischen Orthodoxie, gegen die er im Übrigen inhaltlich polemisiert. Spener erwartet die Bekehrung Israels und den noch größeren Fall der Papstkirche, vergisst dabei aber nicht, alle Christen zu ermahnen, das Ihrige zur Besserung der Kirche beizutragen[9]:

> *Sehen wir die heilige Schrifft an, so haben wir nicht zu zweifflen, daß GOTT noch einigen bessern Zustand seiner Kirchen hier auff Erden versprochen habe. Wir haben 1. die herrliche weissagung*

---

[8] *Herenäus Haid* (Übers.), Kurzer Inbegriff der Christlichen Lehre oder Katechismus des ehrwürdigen Lehrers Petrus Canisius, Landshut ⁴1846, 21 f.

[9] *Kurt Aland* (Hg.), Philipp Jacob Spener, Pia Desideria, Berlin ³1964, 43 ff.

Foto: Rolf Gerlach

S. Pauli und von ihm geoffenbahretes geheimnuß Rom. 11/25.26.
Wie nachdem die fülle der Heyden eingegangen gantz Israel solle se-
lig werden. Daß also wo eben nicht das gantze gleichwol ein merck-
liches großes theil der biß daher noch so verstockt gewesenen Juden
zu dem HERRN bekehret werden sollen. [...] Nechstdeme, haben wir
auch noch einen grösseren falle deß Päbstlichen Roms zu erwarten.
Dann ob zwar ihm ein mercklicher stoß von unserm S. Herrn LU-
THERO gegeben worden so ist doch desselben geistliche gewalt noch
viel zu groß [...] Erfolgen nun diese beyde stücke so sihe ich nicht
wie gezweiffelt werden köne daß nicht die gesamte wahre kirche
werde in einen viel seligern und herrlichern stande gesetzt werden
als sie ist. Dann wo die juden bekehret werden, so muß entweder be-

295

*reits die wahre Kirche in heiligerem stande stehen als sie jetzung ist
daß deroselben heiliger wandel zugleich ein mittel jener bekehrung
werde auffs wenigste darmit die hindernuß derselben [...] weg-
geräumet sey [...] Wann dem nun solches uns von Gott verheissen
ist, so muß nothwendig auch dessen erfüllung zu seiner zeit folgen,
in dem nicht ein wort des HERRN auff die erde fallen noch ohne
erfüllung bleiben solle. In dem wir aber solche erfüllung hoffen, so
will nicht gnug seyn, derselben bloß dahin zu warten und mit jenen,
die Salomo narren heisset, über den wünschen zu sterben, sondern
es liget uns allen ob, daß wir so viel eins theils zu bekehrung der
Juden und geistlicher schächung deß Pabstthums oder andern
theils zu besserung unserer kirchen gethan werden mag, zu werck zu
richten nicht säumig seyen: Und ob wir wol vor augen sehen sollten,
daß nicht eben der gantze und völlige zweck erhalten werden könnte, auffs wenigste so vieles thun als müglich ist.*

Im seinen Monologen spricht **Friedrich Daniel Ernst Schleiermacher** (1768–1834) auch ausführlich von der Hoffnung. Für ihn
knüpft sich diese Hoffnung an die Bildung, durch die die Menschheit aus der Barbarei befreit wird und zu ihrer eigentlichen Höhe
der Kultur und des Wissens aufsteigen wird. Der große Theologe
und »Kirchenvater des 19. Jahrhunderts« entwirft hier ein rein
innerweltliches, aufklärerisches Bild von Hoffnung und aus Hoffnung gespeister Entwicklung, das sich hochfliegendstem Idealis-
mus verdankt[10]:

*Ja, Bildung wird sich aus der Barbarei entwickeln, und Leben aus
dem Todesschlaf! Da sind die Elemente des bessern Lebens. Nicht
immer wird ihre höhere Kraft verborgen schlummern; es weckt
der Geist sie früher oder später, der die Menschheit beseelt. Wie
jetzt die Bildung der Erde für den Menschen erhaben ist über jene
wilde Herrschaft der Natur, da schüchtern der Mensch vor jeder
Äußerung ihrer Kräfte floh: nicht weiter kann doch die sel'ge Zeit
der wahren Gemeinschaft der Geister entfernt von diesen Kinder-
jahren der Menschheit sein. Nichts hätte der rohe Sklave der Natur
geglaubt von solcher künft'gen Herrschaft über sie, noch hätte er
begriffen, was die Seele des Sehers, der davon geweissagt, so bei
dieser Ahnung hob; denn es fehlte ihm an der Vorstellung sogar von
solchem Zustand, nach dem er keine Sehnsucht fühlte: so begreift
auch nicht der Mensch von heute, wenn jemand ihm andere Zwecke
vorhält, von andern Verbindungen und von einer andern Gemeinschaft der Menschen redet; er faßt nicht, was man Besseres und
Höheres wollen könne, und fürchtet nicht, daß jemals etwas kommen werde, was seinen Stolz und seine träge Zufriedenheit so tief*

---

[10] Friedrich D. E. Schleiermacher, Monologen. Weihnachtsfeier, Berlin o. J., 60–63.

*beschämen müßte. Wenn aus jenem Elend, das kaum die ersten
Keime des bessern Zustandes auch dem durch den Erfolg geschärf-
ten Auge zeigt, dennoch das gegenwärtige hochgepriesene Heil
hervorging: wie sollte nicht aus unserer verwirrten Unbildung, in
der das Auge, welches schon sinkend der Nebel ganz nah umfließt,
die ersten Elemente der bessern Welt erblickt, sie endlich selbst
hervorgehn, das erhabene Reich der Bildung und der Sittlichkeit.
Sie kommt! Was sollt' ich zaghaft die Stunden zählen, welche noch
verfließen, die Geschlechter, welche noch vergehen? Was kümmert
mich die Zeit, die doch mein inneres Leben nicht umfaßt?*

*Der Mensch gehört der Welt an, die er machen half; diese umfaßt
das Ganze seines Wollens und Denkens, nur jenseit ihrer ist er
ein Fremdling. Wer mit der Gegenwart zufrieden lebt und andres
nicht begehrt, der ist ein Zeitgenosse jener frühen Halbbarbaren,
welche zu dieser Welt den ersten Grund gelegt; er lebt von ihrem
Leben die Fortsetzung, genießt zufrieden die Vollendung dessen,
was sie gewollt, und das Bessere, was sie nicht umfassen konnten,
umfaßt auch er nicht. So bin ich der Denkart und dem Leben des
jetzigen Geschlechts ein Fremdling, ein prophetischer Bürger einer
spätern Welt, zu ihr durch lebendige Phantasie und starken Glauben hingezogen, ihr angehörig jede Tat und jeglicher Gedanke.
Gleichgültig läßt mich, was die Welt, die jetzige, tut oder leidet;
tief unter mir scheint sie mir klein, und leichten Blickes übersieht
das Auge die großen verworrenen Kreise ihrer Bahn. [...] Doch
wo ich einen Funken des verborgnen Feuers sehe, das früh oder
spät das Alte verzehren und die Welt erneuern wird, da fühl ich
mich in Lieb und Hoffnung hingezogen zu dem süßen Zeichen der
fernen Heimat. Auch wo ich stehe, soll man in fremdem Licht die
heil'ge Flamme brennen sehen, dem Verständ'gen ein Zeugnis von
dem Geiste, der da waltet. Es nahet sich in Liebe und Hoffnung
jeder, der der Zukunft angehört, und durch jegliche Tat und Rede
eines Jeden schließt sich enger und erweitert sich das schöne freie
Bündnis der Verschworenen für die bessere Zeit.*

> *So bin ich der Denkart und dem Leben des jetzigen Geschlechts ein Fremdling, ein prophetischer Bürger einer spätern Welt.*

Inspiriert durch Ernst Blochs »Prinzip Hoffnung« und in Abgrenzung von ihm, präsentierte **Jürgen Moltmann** (*1926) seinen
dogmatischen Entwurf »Theologie der Hoffnung«. Blochs »Welt
ohne Gott« stellt er darin den »Gott der Hoffnung« nach dem Rö-
merbrief gegenüber. Für ihn ist es die göttliche Verheißung, die
den Glauben stiftet und auf die Auferweckung des gekreuzigten
Christus blicken lässt. Darin begründet sich eine Hoffnung für
die Unterdrückten und Verfolgten, die zu aktivem politischen Tun
in dieser Welt herausfordert. Moltmanns Thesen beeinflussten
das theologische Denken von Wolfhart Pannenberg und, auf ka-
tholischer Seite, Johann Baptist Metz. Widerspruch fanden sie bei

Karl Barth, Karl Rahner und Hans Urs von Balthasar. Moltmann schreibt in der Einleitung zur »Theologie der Hoffnung«[11]:

Das Christentum ist ganz und gar und nicht nur im Anhang Eschatologie, ist Hoffnung.

In Wahrheit aber heißt Eschatologie die Lehre von der christlichen Hoffnung, die sowohl das Erhoffte wie das von ihm bewegte Hoffen umfaßt. Das Christentum ist ganz und gar und nicht nur im Anhang Eschatologie, ist Hoffnung, Aussicht und Ausrichtung nach vorne, darum auch Aufbruch und Wandlung der Gegenwart. Das Eschatologische ist nicht etwas am Christentum, sondern es ist schlechterdings das Medium des christlichen Glaubens, der Ton, auf den in ihm alles gestimmt ist, die Farbe der Morgenröte eines erwarteten neuen Tages, in die hier alles getaucht ist. Denn der christliche Glaube lebt von der Auferweckung des gekreuzigten Christus und streckt sich aus nach den Verheißungen der universalen Zukunft Christi. Eschatologie ist das Leiden und die Leidenschaft, die am Messias entstehen. Darum kann die Eschatologie eigentlich kein Teilstück christlicher Lehre sein. Eschatologisch ausgerichtet ist vielmehr der Charakter aller christlichen Verkündigung, jeder christlichen Existenz und der ganzen Kirche. Es gibt darum nur ein wirkliches Problem der christlichen Theologie, das ihr von ihrem Gegenstand her gestellt ist und das durch sie der Menschheit und dem menschlichen Denken gestellt wird: das Problem der Zukunft. Denn das, was uns in den biblischen Testamenten der Hoffnung begegnet als das Andere, als das, was wir uns nicht schon aus der gegebenen Welt und unseren schon gemachten Erfahrungen mit ihr ausdenken und ausmalen können, das begegnet uns als Verheißung eines Neuen und als Hoffnung auf eine Zukunft aus Gott. Der Gott, von dem hier geredet wird, ist kein innerweltlicher oder außerweltlicher Gott, sondern der »Gott der Hoffnung« (Röm. 15,13), ein Gott mit »Futurum als Seinsbeschaffenheit« (E. Bloch), wie er aus dem Exodus und der Prophetie Israels bekannt wurde, den man darum nicht in sich oder über sich, sondern eigentlich immer nur vor sich haben kann, der einem in seinen Zukunftsverheißungen begegnet und den man darum auch nicht »haben« kann, sondern nur tätig hoffend erwarten kann. Eine rechte Theologie müßte darum von ihrem Zukunftsziel her bedacht werden. Eschatologie sollte nicht ihr Ende, sondern ihr Anfang sein.

Eine Antwort, die **Karl Rahner** (1904–1984) auf Moltmanns Theologie der Hoffnung und ähnliche Entwürfe gibt, findet sich in seiner Studie »Zur Theologie der Zukunft«. Schon die Einleitung seiner Stellungnahme zeigt seine übliche, begrifflich streng durchgliederte Brillanz[12]:

---

[11] Jürgen Moltmann, Theologie der Hoffnung, München [11]1980, 11 f.
[12] Karl Rahner, Zur Theologie der Zukunft, München 1971, 161 f.

*Wir setzen also vor allem voraus, was die klassische Schultheo-
logie sagt: die Existenz von drei theologischen, »göttlichen«
Tugenden des Menschen, die den konkreten Inhalt seiner
Rechtfertigung ausmachen, sofern diese als das unmittelbare
Vermögen des heilshaften Handelns in Glaube, Hoffnung und
Liebe begriffen wird; die spezifische Eigenart dieser »göttlichen« Tugenden, insofern die theologischen Tugenden Gott
selbst in sich meinen als den, der sich in der ungeschuldeten,
übernatürlich erhebenden und vergöttlichenden Gnade in seiner eigenen inneren Herrlichkeit unmittelbar zum Ziel und Heil
der geistigen Kreatur macht; die Existenz der Hoffnung als der
zweiten dieser drei Tugenden, die aus dem Glauben folgt und
Vorbedingung der Liebe ist; das Wesen der Hoffnung, insofern
sie als Eigentümlichkeit des Willens und seiner Freiheit auf Gott
einerseits vertrauend nach Gott selbst als dem absoluten Gut
und also dem Heil verlangt, und insofern andererseits dieses
Gut als noch ausständig, »steil«, d. h. nicht selbstverständlich
erreichbar erscheint, aber durch Gottes Verheißung im Blick auf
seine Allmacht und vergebende Güte doch als möglich auf uns
zukommt; die Abgrenzung der Hoffnung gegen Vermessenheit
und Verzweiflung; die Einbeziehung aller partikulären, aus-
ständigen, schwer erreichbaren, aber echten und möglichen
Einzelgüter in den Gegenstand der theologischen Hoffnung,
insofern sie in der Absicht Gottes »Mittel« zur Erreichung
des Heiles sind; den christologischen Aspekt der Hoffnung,
insofern Jesus, der Auferstandene, die geschichtliche Kon-
kretion und die eschatologische Endgültigkeit der göttlichen
Verheißung ist, die die Hoffnung ermächtigt und trägt; ihr
Verhältnis zu verwandten Haltungen oder eigenen Aspekten,
wie zur »Erwartung«, zum »Durchhalten«, zur »Geduld«, zum
»Vertrauen«, zur »Heilsgewißheit«, zur »begehrenden Liebe«,
zur »selbstlosen Liebe«; das Verhältnis der theologischen
Hoffnung zu der Hoffnung im allgemeinen als einem Grund-
existenzial des menschlichen Daseins überhaupt; das Wesen
der Hoffnung, insofern sie nicht bloß individuelle »Tugend«
des Einzelnen in privater Heilssorge ist, sondern eine Grund-
struktur des Verhaltens des pilgernden Gottesvolkes als solchen
und eines, in dem jeder nicht nur für sich, sondern jeder für alle
hofft. Das alles – wahrhaftig schon in sich eine schwierige und
große Aufgabe – muss also als gegeben und verstanden voraus-
gesetzt werden.*

*Dr. Heiko Wulfert, geb. 1960, ist Pfarrer in Aarbergen-Kettenbach, Äl-
tester im Konvent Hessen der Ev. Michaelsbruderschaft und Sekretär
der EMB für Theologie und Ökumene.*

»Warum verschwinden die kleinen Träume am Morgen und die großen wachsen?«[1]

Hoffnung – finden, verlieren, bewahren

von Michael Grimm

I.

Wir leben in einer von Krisen geschüttelten Zeit – als Einzelne wie als Gemeinschaft der Christen in unseren Kirchen und Gemeinden. Die Corona-Pandemie hat den unbeschwerten Umgang miteinander geschwächt. Die Folgen des Klimawandelns erschüttern die vertrauten Ordnungen der Natur. Wir erleben den Überfall Russlands auf die Ukraine, einen Angriff auch auf die sicher geglaubte Friedensordnung. Wir hören Lügenworte, erleben die schamlose Verdrehung der Wahrheit, die Zerstörungsmacht des Krieges. All das verunsichert, lässt uns Schlimmes befürchten und fragen: Was kommt da noch auf uns zu? Wie werden wir und unsere Kinder zukünftig leben? Worauf können wir hoffen?

Wir hoffen, dass wir – wenigstens vor dem Schlimmsten – bewahrt bleiben. Wir wünschen uns Zukunft und Zuversicht. Immer häufiger jedoch bezweifle ich, dass wir überhaupt eine Zukunft haben werden. Zu vieles zerstören wir Menschen. Aber ist nicht dies die Glaubenshoffnung, dass Gott seine Welt und uns Menschen nicht untergehen lässt und dass der Vater im Himmel trotz allem, was seine Menschenkinder einander und der Schöpfung antun, das Werk seiner Hände nicht aufgeben wird? Wie gelingt es, die Hoffnung zu bewahren? – Die Hoffnung für diese Welt, die Hoffnung für Menschen, die mir anvertraut sind, und auch dies: Die Hoffnung auf den Himmel, die bedeutet, dass Gott sieht, hilft und handelt.

Unsere Hoffnung benötigt einen Grund, sie sucht einen Anhalt außerhalb ihrer selbst, sich daran aufzurichten. Als Grund der Hoffnung wird in den Klageliedern Jeremias (3, 22–26) der Allmächtige gerühmt. Gott selbst ist Israels Hoffnung: »Die Güte des Herrn hat kein Ende. Sein Erbarmen hört niemals auf, es ist jeden Morgen neu! Groß ist deine Treue Herr! Darum sage ich: Herr, wir brauchen nur dich! Auf dich will ich hoffen. Denn der

> *Unsere Hoffnung benötigt einen Grund, sie sucht einen Anhalt außerhalb ihrer selbst, sich daran aufzurichten.*

---
[1] *Adam Zagajewski*, aus dem Gedicht: Gespräch mit Friedrich Nietzsche.

Herr ist gut zu dem, der ihm vertraut und ihn von ganzem Herzen sucht. Darum ist es das Beste, geduldig zu sein und auf die Hilfe des Herrn zu warten.«[2] Solche Hoffnung ist radikaler als menschlicher Optimismus, der davon ausgeht: »Es wird schon wieder. Denke positiv!«

II.

Je älter wir werden, desto mehr werden wir von enttäuschten Hoffnungen berichten können. Wie gelingt es dennoch, zuversichtlich zu bleiben? Anders gefragt: Kommt die Hoffnung aus uns? Ist sie so etwas wie mein elementarer Lebenswille, ein angeborener Optimismus, Resultat der eigenen Haltung? Oder leuchtet die Hoffnung *vor mir* und *für mich* auf, kommt mir entgegen, manchmal gerade in dem Moment, in dem ich sie brauche? Diese Frage stellt sich besonders dann, wenn Erwartungen enttäuscht werden und wenn die Zukunft – als Fortsetzung der vertrauten Gegenwart – versperrt erscheint. Die Schriftstellerin Elke Heidenreich erzählt von einem solchen Erlebnis:

»Ein besonders grauer Tag. Besonders viel geht schief. [...] diese grauen tückischen Tage voller kleiner Enttäuschungen und Niederlagen, die zersetzen uns, und hilf-los wissen wir nicht, wie wir dem gegensteuern können: dem Gefühl von Verlust, Trauer, Schwäche. [...] Der Rhein ist in der Nähe. Ein Spaziergang am Rhein hilft meistens [...] Die Stufen zum Ufer hinunter, heute kaum zu bewältigen. Tränen. Verzweiflung bis zur Atemlosigkeit, die Bitte aus der Kindheit, an wen auch immer: Gib ein Zeichen, irgendein Zeichen, das ich verstehe!‹ Ein Schiff fährt vorbei, ein großes Containerschiff, es kommt aus Holland und kämpft sich Richtung Basel. Es heißt Esperanza. Hoffnung.«[3]

Esperanza – dieses spanische Wort für Hoffnung ist wie ein Sonnenstrahl, der in ein trauriges Herz dringt. Hoffnung leuchtet auf: überraschend, die Grübeleien unterbrechend, den Lebensmut stimulierend. Es muss ja nicht alles schlecht enden. Es könnte auch gut werden. Also: »Nicht müde werden / sondern dem Wunder / leise / wie einem Vogel / die Hand hinhalten« (Hilde Domin). Ich meine, dass es solche Fingerzeige, Hinweiszeichen, Lichtblicke braucht und dass sie sich uns schenken. Einmal war es eine Schwalbe, die am Morgen in mein Krankenzimmer flog. Ein anderes Mal erreicht mich der Brief eines Freundes, der mich ermutigt: Du bist nicht der Einzige, der noch nach Gott fragt.

Einmal war es eine Schwalbe, die am Morgen in mein Krankenzimmer flog.

---

[2] Bibelübersetzung: Hoffnung für alle.
[3] *Elke Heidenreich* – Alles kein Zufall. Kurze Geschichten, 68 f.

Foto: Rolf Gerlach

III.

Tröste mich Gott ich bitte Dich
was immer es sei ich kann es gebrauchen
Worte Klänge Hoffnung auf Leben
sich öffnende Knospen vor ihrer Zeit
alles was gut ist

Es gibt ein Versprechen für Leute wie mich
von der Seligkeit aller Leidenden
und der Freudenernte der Weinenden
so heißt es hast Du es gesagt
stimmt das?

Wie soll das denn möglich sein Gott
dass Schmerzensschreie zu Lachen werden
und Tränen zu Perlen
und Schwerter zu Pflugscharen
das ist sehr schwer zu glauben findest du nicht?
Aber schön wäre es Gott wunderschön

Carola Moosbach

*Pastor Michael Grimm, geb. 1961, war Projektmitarbeiter im Kirchen-
amt der EKD für den Reformprozess »Kirche im Aufbruch«, er lebt und
arbeitet als Pastor in Elstorf, zwischen Bremen und Hamburg.*

Bücher

Nicole Grochowina/Albrecht Schödl (Hg.), »Das Land ist sehr gut«.
Gemeinsames Leben neu erkundet, Leipzig: Evangelische Verlagsanstalt 2022, 132 S., 20 Euro, ISBN 978-3-374-07110-4.

»Wir können an der Kirche nur bauen, wenn wir selber Kirche
sind« – heißt es in der Regel der Evangelischen Michaelsbruderschaft. In diesem Grundsatz ist auch die wichtige Aufgabe der
Geistlichen Gemeinschaften inbegriffen, die Kirche in exemplari-
scher Form zu leben, in der jeweiligen Welt Vergesellschaftungen
des Glaubens zu erproben, aufzuzeigen und sie in einladender und
zukunftsweisender Form in die Weite der Kirche einzubringen. In
diesem lesenswerten Buch haben sich unterschiedliche Vertreter
geistlicher Gemeinschaften, der Christusträger Bruderschaft, der
Jesus-Bruderschaft in Gnadenthal und Volkenroda und der Evangelischen Michaelsbruderschaft zusammengefunden und weisen
in zehn Beiträgen wichtige Perspektiven aus, die im Leben der
Gemeinschaften und für die Gemeinschaft der Kirche Christi von
grundlegender Bedeutung sind.

Am Anfang steht unter dem Titel »Mut zum Neuland« eine Betrachtung der Kundschaftergeschichten im Buche Numeri. Die
Gemeinschaften erscheinen darin als Gruppen, die den gemein-
samen Aufbruch in das Unbekannte wagen, Neuland erkunden
und auf die Verheißungen Gottes bauen. Das heißt auch, dass
es falsch ist, Kommunitäten nur als Bewahrer althergebrachter
Tradition verstehen zu wollen. Sie zeigen vielmehr »Mut zur
Bindung« und weisen Modelle entschiedenen und verbindli-
chen Lebens auf, das in der Kirche lebenserhaltend und not-
wendig ist. Dazu gehört auch der »Mut zu Konflikten«, in denen
gemeinsames Leben immer wieder seine Herausforderungen
erfährt. Im gemeinsam bestandenen Konflikt entbergen sich
neue Wege und Chancen gegenseitiger Wahrnehmung und An-
teilnahme.

In »Mut zur Mehrchörigkeit« findet sich ein fiktiver Dialog
zwischen Sören (Kierkegaard) und Benedikt (von Nursia), der
auf die Weite christlichen Lebens in verpflichtender Gemeinschaft hinweist. Hier findet die Spiritualität des Einzelnen, der
eigenverantwortlich vor seinem Gott steht, die Zuordnung zur
tragenden Gemeinschaft der mit ihm Glaubenden und Leben-
den. Dazu gehört auch der »Mut zum Scheitern«, der zu einer
christlichen Gemeinschaft gehört, in der alle immer wieder Ler-

nende sind und sich aus dem Scheitern heraus zu neuen Wegen, Aufgaben und Lösungen führen lassen müssen. Der »Mut zum Perspektivenwechsel« weist auf eine große Chance der Gemeinschaften hin, in der achtsame Selbstbetrachtung und die Wahrnehmung von und durch den Anderen einander befruchten und ergänzen.

Unter dem Titel »Wir sterben alle« erscheint die Endlichkeit des Lebens und auch die Endlichkeit der Lebensdauer einer Gemeinschaft als ein Gewinn. Keine Gemeinschaft darf ein Selbstzweck sein. Sie würde es, wo sie den Blick auf ihre Aufgabe im Ganzen verlöre. Ihre Endlichkeit ist auch ein Hinweis auf ihre begrenzte Aufgabe im Ganzen. »Wer von sich wegweist« ist der Beitrag überschrieben, der Mut zur Prophetie macht. Dabei ist Prophetie das »dynamische Hervorsagen«, das sehr viel mehr als Worte umfasst, sondern eine Lebenshaltung umgreift, die sich an den Propheten Israels und am Weg der Mystik orientiert. Der abschließende Beitrag stellt die »Communio als Provokation« dar, eine Pro-vokation als ein Hervor-rufen von Lebensmöglichkeiten und Lebenswegen des Glaubens, die immer aufs Neue aus einer jeweils einzelnen Gemeinschaft befruchtend auf die ganze Kirche Jesu Christi ausstrahlen können.

Jeder Beitrag schließt mit einem Gebet. Es geht nicht nur um wichtige Gedanken und belebende Perspektiven, sondern auch um die Bindung an und die Führung durch den Herrn des Lebens.

In einer Zeit, da man die Krise der christlichen Kirchentümer allenthalben mit Strukturveränderungen zu bewältigen sucht, ist dieses schmale Büchlein ein wichtiger Beitrag aus überschäumendem Leben und erfüllter Spiritualität. Es sind ihm viele Leserinnen und Leser zu wünschen!

Heiko Wulfert

Michael Meyer-Blanck, Kirche, Göttingen: Vandenhoeck & Ruprecht 2022 (Theologische Bibliothek, 7), 348 S., mit einer Abb., 39 Euro, ISBN 978-3-525-55309-1.

Die Reihe »Theologische Bibliothek«, deren erster Band 2014 erschien, richtet sich der Intention des Herausgeberkreises nach nicht nur an das Fachpublikum, sondern an alle, die an theologischen Fragen interessiert sind. Jeder Band bietet eine möglichst umfassende und dennoch im Umfang überschaubar bleibende Darstellung eines zentralen Themas christlicher Theologie an, sodass der Leserschaft der gesamten Reihe – die zunächst 12 Bände umfassen soll – Einblick in alle theologischen Disziplinen gewährt wird. Es ist auf den ersten Blick zwar eine gewisse Ähnlichkeit zwischen dieser Reihe und jenen »Themen der Theologie« erkennbar, die seit 2011 als UTB-Reihe bei Mohr Siebeck erscheinen. Im letztgenannten Fall richten sich die einzelnen Bände jedoch in erster Linie an Theologiestudierende und stellen auch keine Monographien, sondern Sammelbände dar, bei denen jedes Kapitel das jeweilige übergreifende Thema aus der Perspektive eines bestimmten theologischen Fachs beleuchtet.[1] Eine größere Ähnlichkeit in Anspruch und Format besteht hingegen zwischen der »Theologische[n] Bibliothek« und der viel älteren Reihe, die in den 1960er und 1970er Jahren beim Kreuz-Verlag erschien und den gleichen Namen trug wie die neuere UTB-Reihe. Die »Theologische Bibliothek« beerbt insofern gewissermaßen die damals von Hans-Jürgen Schultz herausgegebenen »Themen der Theologie«.

Die ersten sechs Bände der »Theologischen Bibliothek« waren folgenden Themenfeldern gewidmet: Die letzten Dinge (Ulrich J. Körtner); Bildung (Friedrich Schweitzer); Theodizee (Christian Link); Christliche Mystik (Wolf-Friedrich Schäufele); Geschichte der Reformation (Irene Dingel); Jesus von Nazareth (Michael Wolter). Anfang 2022 legte Prof. em. Dr. Dr. h.c. Michael Meyer-Blanck nun den siebten Band mit dem Titel »Kirche« vor.

Meyer-Blanck verfügt über eine umfassende theologische Expertise, die weit über die Grenzen des Fachs Praktische Theologie hinausreicht, das er als Professor an der Evangelisch-Theologischen Fakultät der Universität Bonn vertrat. Dies fällt bei der vorliegenden Monographie sofort und ebenso deutlich auf wie bei anderen seiner Werke – wie etwa »Gottesdienstlehre« (Tübingen 2011, [2]2020) oder »Das Gebet« (Tübingen 2019), um nur zwei unter den jüngsten zu nennen.

Um die Kirche – gemäß dem Anspruch einer jeden Kirchentheorie – sowohl als Gegenstand des Glaubens als auch als Gegenstand wissenschaftlicher Beobachtung beschreiben zu können (31; 37; 325), geht Meyer-Blanck von der Unterscheidung zwischen Institution, Organisation und Interaktion aus. Sie stellen drei Kategorien dar, unter die die Kirche subsumiert werden kann (und auch immer wieder subsumiert wurde und wird), ohne auf eine einzige unter ihnen reduziert werden zu können. Zugleich betont Meyer-Blanck dezidiert, dass der Kategorie der Interaktion der Primat zukommt, weil Kirche nach evangelischem Verständnis zuallererst und essenziell ein Geschehen ist: »Die evangelische

---

[1] Vgl. Christian Albrecht (Hg.), Kirche, Tübingen 2011 (Themen der Theologie, 1).

Kirche ist vor allem anderen ein aktuelles Geschehen: Sie ereignet sich im Verstehen des Evangeliums und Handeln aus dem Evangelium. Die evangelische Kirche als Institution und Organisation stellt die notwendigen Rahmenbedingungen für das Verstehen und Handeln bereit« (141; vgl. 48).

Viele der in den Teilen II (»Perspektiven«) und III (»Situationen und Sachen«) besprochenen Themenkreise lassen sich jeder für sich betrachtet eher der einen oder der anderen dieser Kategorien zuordnen. So kommt die Kirche vornehmlich als Institution und Organisation in den Blick, wenn es um das Verhältnis von Kirche und Staat (§ 5), den Zusammenhang von Kirche, Politik und Gesellschaft (§ 6) oder die kirchlichen Berufe (§ 10) und Behörden (§ 11) geht. Die ereignishafte Dimension der Kirche tritt hingegen dann mehr in den Vordergrund, wenn ihr Verhältnis zum Evangelium als deren Grundlage und Ursprung (§ 4: »Die Evangelische Kirche als ›Kommunikation‹ und ›Geschöpf des Wortes‹«), der Gottesdienst (§ 8) oder der Zusammenhang von kirchlichem Handeln und Lebensgeschichte (§ 9) bzw. von Kirche und Kunst (§ 13–15) behandelt werden. Es wäre jedoch verfehlt, das Institutionelle, das Organisatorische und das Ereignishafte als Teile oder voneinander trennbare »Bereiche« kirchlichen Lebens zu betrachten. Vielmehr stellen sie verschiedene und doch zusammengehörende Dimensionen der sichtbaren Kirche dar, die gleichberechtigt und dennoch in einem asymmetrischen Verhältnis zueinander stehen, weil die kommunikative und interaktive Dimension gegenüber den beiden anderen vorrangig ist.

Die Aufmerksamkeit des Autors gilt allgemein und in erster Linie der Evangelischen Kirche, wobei er sich an verschiedenen Stellen für die Unterschiede zwischen lutherischer und reformierter Tradition sensibel zeigt. Dass die evangelischen Kirchen allerdings keine »neuen«, erst im 16. Jahrhundert gegründeten Kirchen, sondern Erscheinungsformen der einen Kirche Jesu Christi sind und dass für sie das ökumenische Gespräch im Laufe des 20. Jahrhunderts immer mehr an Bedeutung gewann, kommt in den §§ 3 und 7 besonders deutlich zum Ausdruck. Darin bietet Meyer-Blanck zum einen eine tour d'horizon der gesamten Kirchengeschichte (55–82), zum anderen eine verdichtete Darstellung römisch-katholischer Ekklesiologie auf der Grundlage der entsprechenden Konstitutionen des Zweiten Vatikanischen Konzils (141–157). Ein weiterer Paragraph ist ferner dem für beide Konfessionen überaus delikaten, gar brisanten Thema »Macht und Sexualität in der Kirche« gewidmet, auf das der Autor in der gebotenen Kürze und zugleich in einfühlsamer sowie differenzierter Weise eingeht (§ 12).

Jeder Paragraph wird durch eine Zusammenfassung abge-
schlossen, für die eilige Leserinnen und Leser besonders dankbar sein werden. Ebenso dankbar werden aber auch die an Vertiefung Interessierten sein für die – ausführlichen und doch nicht
ausufernden – Literaturhinweise zu den einzelnen Paragraphen,
die sich am Ende des Buches finden (327–337). Schließlich begegnen bei der Lektüre immer wieder prägnante und einpräg-
same Formulierungen, in denen wesentliche und zum Weiter-
denken animierende theologische bzw. kirchentheoretische
Einsichten kondensiert sind: »Die Kirche muss nicht nur realis-
tisch, sondern auch missionarisch sein« (35); »Die Kirche steht
im Dienst einer Botschaft, die sie weder [...] ›weitergibt‹ noch
aus sich selbst [...] hervorbringt; sie findet vielmehr jeweils neu
das, was ihr vorausliegt« (43); »Das Evangelium [...] ist [...] eine
Verknüpfungsregel für die eigene Lebensgeschichte mit der Geschichte Jesu von Nazareth als der Gottesgeschichte, die in das
aktuell gelebte Leben hineinwirkt« (87); »[Der Gottesdienst]
ist eine Art von ›performativem Kirchturm‹, das entscheidende
Kennzeichen der Kirche am Ort« (161); »Die ›Gemeinschaft der
Heiligen‹ [...] [gibt es] nicht anders als in dieser real vorhande-
nen sichtbaren Gestalt. [...] Das Sichtbare ist noch nicht alles,
aber ohne dieses ist alles nichts« (163); »Die Zukunft der Kirche
wird davon abhängen, ob sie sich auf den entgegenkommenden
Gott auszurichten vermag« (326).[2]

Es dürfte zu Genüge deutlich geworden sein, dass sich die Lektüre von Michael Meyer-Blancks Kirche in mehrfacher Hinsicht
empfiehlt. In der Gemeindearbeit etwa ließe sich das Buch – als
Ganzes oder in einzelnen seiner Teile – als Grundlage für erwach-
senenbildnerische Veranstaltungen hervorragend einsetzen,
aber auch im Rahmen von Pfarrkonferenzen erwiese sich eine
eingehende Beschäftigung damit mit Sicherheit als lohnend. Von
dieser Monographie zu profitieren haben jedoch längst nicht nur
Pfarrerinnen und Pfarrer, Pastorinnen und Pastoren, sondern alle
kirchlichen Mitarbeitenden unabhängig von der spezifischen
Funktion, die sie bekleiden, sowie jeder Mensch, der sich eine
Klärung der eigenen Einstellung zur Kirche wünscht, wie auch
immer sie beschaffen sein mag.

Luca Baschera

---

[2] Vgl. die Bitte Karl Bernhard Ritters: »Richte mich, mein Gott / dass ich von dem Wege
nicht weiche, der Dir entgegenführt«, in: Karl Bernhard Ritter, Pfarrgebete, Neuen-
dettelsau [7]2019, 35.

*Wolfgang Huber, »Es geht vielmehr um eine Lebenshaltung«. Wolf-
gang Huber im wissenschaftsbiographischen Gespräch mit Christian
Albrecht, Reiner Anselm und Hans Michael Heinig, Tübingen: Mohr
Siebeck 2022, IX + 208 S., 24 Euro, ISBN 978-3-16-161494-1.*

»Es geht vielmehr
um eine
Lebenshaltung«

Wolfgang Huber

im wissenschaftsbiographischen
Gespräch mit
Christian Albrecht,
Reiner Anselm und
Hans Michael Heinig

Mohr Siebeck

Zum 80. Geburtstag von Wolfgang Huber erscheint ein kompak-
tes Buch, das ein »wissenschaftsbiographisches Gespräch« mit
dem gegenwärtig wohl bedeutendsten »public intellectual« des
deutschen Protestantismus protokolliert. Wenn Wolfgang Huber
das Wort ergreift, ist ihm eine Aufmerksamkeit sicher, die weit
über die Kirche hinausreicht. Als Theologieprofessor in Marburg
und Heidelberg, als Ratsvorsitzender der Evangelischen Kirche
in Deutschland, als Bischof der Evangelischen Kirche von Berlin,
Brandenburg und der Schlesischen Oberlausitz, als Mitglied des
Deutschen Ethikrates, stand Huber an exponierten Positionen
im öffentlichen Leben. Die Gespräche des Bandes greifen die verschiedenen Stationen und Prägungen Hubers auf.

Interessant ist Hubers Wahl seiner Gesprächspartner: Die
beiden Münchner Theologieprofessoren Reiner Anselm und
Christian Albrecht stehen für eine dezidiert liberale theologische Position. In der Kammer für Öffentliche Verantwortung
der EKD waren Anfang der 1980er Jahre der junge Heidelberger
Theologieprofessor Huber und der Kammervorsitzende und
Münchner Ethiker Trutz Rendtorff Antipoden. Heidelberg und
München, die »Öffentliche Theologie« der Huber-Schule und der
»Öffentliche Protestantismus« der Rendtorff-Schule, diese Kon-
tur findet sich in vielen Debatten des deutschen Protestantismus wieder. Worum es in dieser Kontroverse im Kern geht, wird
im vorliegenden Band gut dokumentiert, vor allem in Gesprächs-
gängen zwischen Huber und Anselm. Die von Anselm formu-
lierte liberale Tradition nimmt ihren Ausgangspunkt bei der
individuellen Freiheit, die von den Entscheidungs- und Hand-
lungsspielräumen des Einzelnen her modelliert wird. Für Huber
ist der Begriff der »kommunikativen Freiheit« zentral, der von
den gesellschaftlichen Ermöglichungsbedingungen und Einbettungen von Freiheit her denkt. Es ist kein Zufall, dass die Menschenrechte, ein wichtiger Arbeitsschwerpunkt Hubers, immer
wieder als Folie der konzeptionellen Alternativen herangezogen
werden. Sind die Menschenrechte primär als individuelle Frei-
heit- und Abwehrrechte zu konzipieren, die nicht nur Schutz
gegen staatliche Eingriffe, sondern genauso gegen übermäch-
tige gesellschaftliche Einflüsse bieten? Oder sind sie in erster
Linie als gesellschaftlich ermöglicht zu verstehen, damit aber
auch als gemeinschaftliche Verpflichtungen? Ist der Ausgangs-

punkt der Argumentation das unhintergehbare Individuum, oder sind es die sozialen Einbettungen, die Individualität erst ermöglichen? Wolfgang Huber fasst sein Anliegen in folgendem Satz zusammen: »Denn dass jemand ›ich‹ sagen kann, ist durch nichts zu überbieten. Aber dieses Ich entfaltet sich erst, indem es sich auch zu anderen Ichs ins Verhältnis setzt, von denen es lernen muss, deren Würde und deren Ich-Sein genau so ernst zu nehmen wie das eigene. Genau an dieser Stelle sehe ich die kulturelle Gefahr unserer Zeit.« (37)

Der dritte Gesprächspartner Hubers ist der Göttinger Juraprofessor Hans Michael Heinig, Leiter des Kirchenrechtlichen Instituts der EKD. In diesem Gegenüber findet sich eine wichtige biographische Facette des Lebens von Wolfgang Huber wieder, seine Herkunft aus einem juristisch geprägten Haushalt. Hubers Vater Ernst Rudolf war ein bedeutender Staatsrechtler, Schüler des berühmten und berüchtigten Juristen Carl Schmitt. Ernst Rudolf Hubers Verstrickungen in den Nationalsozialismus hatten zur Folge, dass er nach 1945 lange aus dem Wissenschaftsbetrieb ausgeschlossen blieb. Vater und Sohn Huber waren auch gemeinsam wissenschaftlich tätig. Die monumentale vierbändige Sammlung von »Dokumenten zur Geschichte des deutschen Staatskirchenrechts« ist eine Gemeinschaftsarbeit beider. Juristische Denkfiguren und der Gegenstandbereich einer Rechtsethik durchziehen wie das ganze Werk Hubers so auch die hier vorliegenden Gespräche.

Der Band beginnt mit einem Gespräch über die prägende Bedeutung Dietrich Bonhoeffers. An Bonhoeffer habe ihn, so Huber, vor allem die Einsicht fasziniert, »dass es in der Theologie um die Reflexion einer plausiblen Lebensform geht.« (14) Bonhoeffers in der Auseinandersetzung mit der nationalsozialistischen Diktatur gewonnenes Konzept einer Verantwortungsethik ist für Hubers eigene Ethik grundlegend. Politische Ethik, aber auch Bio- und Medizinethik werden von der Verantwortung der Akteure her verstanden, die rechtliche Normen übersteigt. Allerdings bedarf der säkulare Staat eines rechtlichen Rahmens, innerhalb dessen sich die verschiedenen Lebensentwürfe entfalten können und sich gegenseitig befruchten. Die Unterscheidung des »Rechten«, des rechtlich gesetzten Rahmens, vom »Guten« der inhaltlich bestimmten Lebensentwürfe ist hier leitend. Religiöse Lebensformen sollen sich im öffentlichen Raum bewegen und sich auf verständliche und anschlussfähige Weise in die öffentliche Debatte einbringen. Huber selbst hat diese kommunikativen Prinzipien in vielen Schlüsseldebatten der vergangenen Jahrzehnte verwirklicht und wie kaum ein anderer auch verkörpert.

Die Gespräche schreiten die Vielzahl der Debattenfelder ab, in denen Huber intervenierte: Es geht um das Religionsverfassungsrecht und die öffentliche Rolle des Islam in Deutschland; um Bio- und Medizinethik, hier vor allem um Hubers Beiträge zu Regelungen in der Stammzellforschung und im Embryonenschutz; und es geht um das von Huber initiierte große Kirchenreformprojekt »Kirche der Freiheit«. Bei allem selbstkritischen Rückblick darauf insistiert Huber zurecht mit Blick auf gegenwärtige Schrumpfungsprozesse: »Alle Beteiligten sollten meines Erachtens aufpassen, dass sie sich nicht nur mit Strukturanpassungen beschäftigen, sondern bedenken, welche Botschaft eine Kirche aussendet, die – außer dem alles überdeckenden Thema des sexuellen Missbrauchs – nur noch wegen Strukturanpassungen in der Zeitung steht.« (194)

Wer die gegenwärtige Verfassung des deutschen Protestantismus verstehen will, ist gut beraten, zu dem kleinen Band zu greifen, der hoch interessant und gut zu lesen ist. Er präsentiert Huber als Virtuosen des Wortes. Interessant ist aber auch, dass kaum vorkommt, was diesseits und jenseits der Worte und Argumente liegt: Gottesdienst, Sakrament, Spiritualität als die grundlegenden Ressourcen einer »plausiblen« christlichen Lebensform und einer Erneuerung der Kirche.

Roger Mielke

Adressen

der Mitarbeiterinnen und Mitarbeiter:

Pfarrer PD Dr. Luca Baschera, Landvogt Waser-Straße 36, CH-8405 Winterthur, luca.baschera@gmail.com • Patrick Fries M.A., Kirchplatz 14, D-91801 Markt Berolzheim, patrickfriesma@aol.com • Rolf Gerlach, Schaapenstraat 26 (0201), B-2140 Antwerpen-Borgerhout, rolfgerlach@hotmail.com • Pastor Michael Grimm, Lange Straße 41, D-27404 Elstorf, michael.grimm@kkbz.de • Militärdekan Dr. Roger Mielke M.A., Kunosteinstraße 5, D-56566 Neuwied, rmielke@uni-koblenz.de • Militärpfarrer Thomas Thiel, Friesenstraße 27, D-14612 Falkensee, thomas.th63@web.de • Pfarrer Dr. Heiko Wulfert, Kirchqasse 12, D-65326 Aarberqen, hwulfert@gmx.net

Das Thema des nächsten Heftes wird »Opfer« sein.

Quatember
  Vierteljahreshefte für Erneuerung und Einheit der Kirche
Herausgegeben von
  Helmut Schwerdtfeger, Dr. Sabine Bayreuter und Matthias
  Gössling im Auftrag der Evangelischen Michaelsbruderschaft,
  des Berneuchener Dienstes und der Gemeinschaft St. Michael
Schriftleitung
  Roger Mielke
Manuskripte bitte an:
  Dr. Roger Mielke · Kunosteinstraße 5 · D-56566 Neuwied,
  Telefon (0 15 77) 6 39 97 42, rmielke@uni-koblenz.de
Edition Stauda
  Evangelische Verlagsanstalt GmbH, Leipzig
  86. Jahrgang 2022, Heft 4

Bestellungen

Mitglieder der Evangelischen Michaelsbruderschaft, der Gemeinschaft St. Michael sowie des Berneuchener Dienstes richten ihre Bestellungen ebenso wie alle Änderungen nur an ihre jeweilige Gemeinschaft.

Nichtmitglieder richten ihre Bestellungen ebenso wie alle Änderungen nur an den Bestellservice oder an den Buch- und Zeitschriftenhandel. Abos können zum Jahresende mit einer Frist von einem Monat beim Bestellservice gekündigt werden.

Vertrieb: Evangelische Verlagsanstalt GmbH · Blumenstraße 76 · 04155 Leipzig
Bestellservice: Leipziger Kommissions- und Großbuchhandelsgesellschaft (LKG) · Frau Sabine Menke · An der Südspitze 1–12 · 04579 Espenhain
Tel. +49 (0)3 42 06-65-116 · Fax +49 (0)3 42 06-65-110
E-Mail: KS-team04@lkg.eu

Preise inkl. MwSt. zzgl. Versandkosten: Einzelheft: EUR 9,00, Fortsetzungsbezug möglich. Die Fortsetzung läuft immer unbefristet, ist aber jederzeit kündbar.

Covergestaltung: Kai-Michael Gustmann, Leipzig
Satz: druckhaus köthen GmbH & Co. KG, Köthen
Druck: Elbe Druckerei Wittenberg GmbH

ISSN 0341-9494 · ISBN 978-3-374-07266-8

www.eva-leipzig.de